AF470354

Extraits du Journal de Chênedollé
(1803-1833)

Le Château du Coisel, à Burcy (près Vire),
où mourut le poète CHÊNEDOLLÉ, 2 Décembre 1833

Extraits du Journal

DE

CHÊNEDOLLÉ

(1803-1833)

d'après les Manuscrits inédits du Coisel

ET DE LA

Collection Spoëlberch de Lovenjoul

PAR

Madame Paul DE SAMIE

Née Lucy DE LAMARE

Docteur ès lettres

PARIS

LIBRAIRIE PLON

PLON-NOURRIT & Cie, IMPRIMEURS-ÉDITEURS

8, rue Garancière - 6^e^

—

INTRODUCTION

Sainte-Beuve a baptisé d'un titre assez romantique « *Journal du poète* » (1) l'ensemble des notes de Chênedollé, dont il a cité quelques extraits au cours de l'Etude qu'il lui consacre dans : *Châteaubriand et son Groupe*, T. II.

L'auteur, lui, avait moins de prétentions. Il n'entendait pas écrire un journal, un compte-rendu de sa vie intime lorsqu'il notait chaque jour les conversations entendues, les lectures favorites ou les souvenirs littéraires pieusement conservés. Dans la solitude de l'exil, dans le cercle de Madame de Beaumont et jusqu'en sa retraite du Coisel, il voulut fixer, pour les retenir, quelques-unes de ses meilleures pensées et de ses plus profondes émotions.

Chênedollé laisse de côté les faits ; comme Alfred de Vigny (2), Edmond Géraud (3), il préfère noter des réflexions. Ses notes reflètent l'histoire de son âme ; elles nous révèlent sa véritable personnalité : Chênedollé est une nature tendre, élégiaque, d'une sensibilité presque féminine. A vingt-six ans, il s'éprend d'une femme plus âgée que lui (4), l'épouse clandestinement, la quitte pour incompatibilité d'humeur. A trente-trois ans, il voue un amour passionné à Lucile de Chateaubriand ; elle meurt. Il confie à ses notes l'expression de son désespoir. La Marquise de Custine, charmante et frivole, toute meurtrie par les caprices de René rend seule un peu d'attrait à une vie que le poète croyait vouée à une tristesse sans appel. Du rôle de confident, Chênedollé près de la belle Delphine passe insensiblement à celui de consolateur. Les notes où le poète nous rapporte ses entretiens intimes avec la châtelaine de Fervacques ne sont pas les moins piquantes. Nous y apprenons du nouveau sur les relations amoureuses de Chateaubriand avec la Marquise et la nature de Chênedollé se révèle là : René inspire la passion, Chênedollé la confiance : C'est un personnage de second plan même en amour. Il le sent, en souffre parfois. Alors il se livre à de belles rêveries devant la nature, il se replie sur lui-même

---

(1) Je conserve ce titre, bien qu'assez impropre : c'est celui que porte le Manuscrit de la collection Spoëlberch de Lovenjoul, D - 544.

(2) Alfred de Vigny, *Journal d'un poète*, publié par L. Ratisbonne (1867).

(3) Edmond Géraud. *Un homme de Lettres sous l'Empire et la Restauration* Fragments de Journal intime, publié par M. Albert Flammarion, 1893.

(4) Mlle V. Bourguignon, de Liège (1768-1832). Le poète l'épousa à Hambourg « *in articulo mortis* ». De ce mariage resté secret naquit un fils, cf. page III.

et confie ses tristesses à ses notes : Ce sont des mélancolies de poète, de cœur blessé ou qui se croit blessé. Il se complaît à son mal ; il y songe et l'entretient dans sa solitude.

C'est un rêveur. Il se sent poète en automne surtout quand revient la saison des tempêtes et des grandes tristesses. Il dirait volontiers, comme René, regardant la feuille flétrie tourbillonner dans la raffale : « Emportez-moi comme elle, orageux aquilon ! » — « J'aime à entendre le sifflement lugubre des vents dans les « vieilles branches des sapins. J'aime à entendre le murmure du « vent dans la bruyère ou l'herbe flétrie. Cela me rappelle les « scènes du nord (1).

Et encore : « Combien j'aime à entendre le vent frémir autour « de ces douces et vieilles tours (2). Il y a du charme et de « l'inspiration dans les murmures qu'on entend autour de ces « dômes (3) ».

L'automne est pour lui le temps de l'inspiration :

« 1er septembre (1823).

« Voici les jours de l'inspiration qui arrivent, voici la saison « de la poésie, de la méditation, de l'enthousiasme. Produiront- « ils quelque chose ? Cette saison si poétique sera-t-elle stérile ? « Ai-je passé le temps de l'inspiration ? N'y a-t-il plus de beaux « vers pour moi ? Poésie, belle comme l'amour et douce comme « l'espérance, m'as-tu fui sans retour ? Ne connaîtrai-je plus tes « chastes ardeurs et tes célestes ravissements ?... Suis-je devenu « tout à fait terrestre, et mon âme dépouillée de tes ailes ne « doit-elle plus que ramper sur la terre ? O poésie, que j'ai tant « aimée, remets-moi encore une fois sous ton charme ! Frappe-moi « encore une fois de ton sceptre d'or ; fais-moi encore entendre « une fois ta voix pénétrante et divine ! Encore une de tes inspi- « rations et je meurs content ! (4) »

On surprend au vif dans cette page « un sentiment de desséchant regret et d'attente stérile », dit Sainte-Beuve. En ses dernières années, la mélancolie de Chênedollé ne fit que s'accroître. Il finit par ne presque plus rien publier (5). A quoi faut-il attribuer la stérilité du poète ? Très certainement à l'inquiétude que lui causait l'arrivée toujours possible, à Vire, de ce fils (6) qu'il avait

---

(1) Note de 1810. (Arch. du Coisel).
(2) Les tours de Rouen.
(3) Note de 1810. (Arch. du Coisel).
(4) Sainte-Beuve. *Chateaubriand et son Groupe*, t. II. p. 311 et 312.
(5) A part quelques articles ou poésies dans les *Annales de la Littérature et des Arts*.
(6) Joseph-Charles-Auguste de Chênedollé, né à Hambourg 1797, mort à Bruxelles 1862. Cf. L. de Lamare. *A l'Aube du Romantisme*. Chênedollé (1769-1833) Essai biographique et Littéraire, ch. XIII et XIV.

eu de son mariage *clandestin*. Cette anxiété du malheureux père s'exprime à demi mot dans les Notes de 1832 et 1833.

« 14 Mars (1832). Mon imagination est restée sans retentisse-
« ment. Aucune explosion radieuse n'a eu lieu ! Loisir, calme et
« sécurité d'âme m'ont manqué. L'étude veut au moins du calme,
« de la tranquillité. Quant l'âme est déchirée, torturée, angoissée,
« elle ne retentit pas (1) ».

Et aussi sur la même page :

12 Mars (1832),

« Le chagrin flétrit, dessèche le génie, il tue l'imagination, il
« empoisonne la vie, il garotte (*sic*) toutes les facultés, il racornit
« et courbe l'intelligence. Il finit par conduire à la stupidité (2). »

Enfin, le (6 février 1833), cette allusion encore plus directe :

« *Sa fausse position* infirme trop son esprit pour qu'il puisse
« avoir toute sa force et tout son éclat (3) ».

Rarement, Chênedollé s'abandonne à des sentiments violents. Sa sensibilité est douce et mélancolique. Il se livre à des rêveries au Coisel. Il aime à voir la pâle lumière du clair de lune se glisser à travers les feuillages.

4 septembre 1810.

« Je ne puis voir la lune se renouveler sans un charme de
« mélancolie inexprimable. Cela me rappelle que c'est à la clarté
« de cet astre que j'ai tant rêvé et que je me suis entretenu si
« souvent avec mes regrets et mes douleurs solitaires (4). »

Ceci est déjà romantique. Chateaubriand, Lamartine ont aussi le culte de Phébé.

Les notes de Chênedollé nous font un peu mieux connaître l'homme, et, par les allusions qu'elles renferment, elles nous initient discrètement à sa vie privée. Dans son œuvre, le poète a mis bien peu de lui-même à part l'épisode de Léon, — *Génie de l'homme*, ch. iii — (5) il s'en est tenu à la formule impersonnelle des pseudo-classiques. Nous ne connaîtrions presque rien de lui s'il n'avait livré les émois de son cœur à des notes confidentielles comme la plupart des écrivains du xix⁰ siècle.

A ce point de vue, il aurait été intéressant d'avoir le *Journal* d'émigration de Chênedollé. Malheureusement il a été soustrait. Sainte Beuve n'a eu entre les mains que quelques notes relatives à cette période.

(1) *Ms.* D. 544, f. 414 (v.).
(2) » » f. 413 (v.).
(3) » » f. 452 (v.).
(4) Arch. du Coisel.
(5) Œuvres complètes p. 93-100.

5 Août 1818. (5 Août 1802).

« Il y a aujourd'hui seize ans que je rentrai à Vire après un
« exil de onze ans. Quel jour ! (1) »

10 Décembre 1818.

« La nuit passée le 21 janvier (probablement en 1795) en fuyant
« l'armée française sur la mer glacée, en Hollande. Sensations
« extraordinaires que j'éprouvai dans cette nuit terrible (2). »

Deux hypothèses sont possibles. Ces notes ont été perdues par
le poète au cours de ses pérégrinations d'exil ou bien elles ont
été soustraites par la famille Chênedollé parce qu'elles étaient
trop intimes.

La seconde hypothèse paraît plus vraisemblable, car les deux
notes précédentes ne sont pas de la main du poète. Elles ont été
copiées sur le manuscrit par un de ses enfants. Donc les notes
existaient encore lorsque Sainte-Beuve essaya d'en prendre
connaissance (3).

Il y a là une lacune regrettable. Rien ne nous aurait mieux
éclairés sur l'aventure du poète avec Mlle V. Bourguignon (4) que
ses propres confidences.

Au cours du *Journal*, quelques détails sur une femme de caractère difficile, et qui n'est point nommée, semblent s'appliquer à
l'héroïne de Liège ; ce n'est qu'une hypothèse encore.

Les notes de Chênedollé relatives à Lucile de Chateaubriand
ont un très grand intérêt: ce sont de véritables aveux. Nous
aurions toujours ignoré le douloureux amour du poète si une
indiscrétion posthume n'était venue nous le révéler. Tout ce que
Chênedollé nous dit de Lucile complète ce que nous en savons
déjà par les Mémoires d'Outre-Tombe. Les deux portraits se
ressemblent : Même charme étrange, même ingéniosité à se tourmenter, même folie !

Le *Journal du Poète* fait connaître Chênedollé critique Littéraire. C'est un point de vue sous lequel on n'était point habitué
à le considérer.

Il a par ses lectures et ses souvenirs une certaine érudition ;
son goût est assez sûr lorsqu'il n'est pas gâté par une mauvaise
influence pseudo-classique. Chênedollé a un certain sens critique
qui entrave souvent son essor dans ses œuvres poétiques :
sévère pour lui-même, il produit peu en de longues années et

(1) Ms. D. 544 f. 258.
(2) »   »   f. 258.
(3) Resterait une troisième hypothèse : le poète lui-même aurait détruit
une partie de ses manuscrits. Cette supposition n'est pas fondée car il a
conservé des notes très intimes sur Lucile de Chateaubriand et sur les
inquiétudes de ses dernières années.
(4) La première femme de Chênedollé.

manque toujours l'occasion propice. Ainsi, le *Génie de l'homme* ne parut qu'en 1807 au lieu de 1802, et les *Etudes poétiques* furent devancées par les méditations de Lamartine.

En littérature, Chênedollé a le goût classique. C'est un disciple de Fontanes. Il admire et aime les anciens, Horace, Virgile et Homère qu'il a connu sur le tard.

Il a très bien senti le charme de la langue grecque.

« La langue grecque est la langue aux mille aspects, aux mille
« couleurs. C'est un prisme continuel. Chaque mot de cette poésie
« rayonne et jette sur la pensée un arc-en-ciel (1). »

Il a surtout le culte des Latins qu'il commentait dès Juilly, de Virgile surtout, dont il goûte le charme bucolique et qu'il se plaît à relire.

« Virgile et Horace (2) sont des eaux spiritueuses qui réveil-
« lent ma pensée quand elle est épuisée par le travail. Je les res-
« pire et voilà mes forces rétablies (3). »

Chênedollé a peu compris le XVIe siècle, époque sceptique et licencieuse. Il n'aime pas Montaigne qui en est la plus complète personnification.

« Je n'aime pas Montaigne bien qu'il ait une admirable sagacité
« et une imagination plus admirable encore. Il est trop indécis,
« trop indifférent pour la vérité. Il me repousse et m'indigne par
« l'universalité de son septicisme. Il me révolte par l'obcénité de
« son langage. Il plaît à l'esprit, il l'amuse, il l'agace, il le pique,
« il l'éveille. Il irrite et charme l'imagination mais il ne va ja-
« mais au cœur. Il ne sent pas ce qu'il y a de chaud, d'attirant,
« de véhément dans l'âme humaine (13 février 1833) (4).

Plus loin, je relève encore dans les notes de Chênedollé ce jugement catégorique :   (15 février 1833).

« Montaigne n'est pas mon homme. (5) »

Le poète comme tout classique est un admirateur du XVIIe siècle.

« Je suis à genoux devant Boileau comme devant le Dieu de la
« raison et l'oracle du goût (octobre 1833) (6). »

« Mme de Sévigné, écrit-il, est une caillette charmante, les deux
« ouvrages qui m'étonnent le plus, ce sont les *Lettres* de Mme de
« Sévigné et les *Fables* de la Fontaine. Cela est tout à fait inimi-
« table. (7). »

(1) Cité par Sainte Beuve, *Châteaubriand et son groupe*, t. II, p. 156 et 157.
(2) La plupart des épigraphes des *Etudes poétiques* sont empruntées à ces auteurs.
(3) Ms. D. 544, f. 516.
(4) Ms. D. 544, f. 467.
(5) Ms. D. 544, f. 466. (v.)
(6) Ms. D. 544, f. 557.
(7) Ms. D. 544, f. 278 (v.)

Et il avoue avec candeur :

« Ce qu'on admire le plus est la qualité qu'on n'a pas. Homère
« m'étonne moins que La Fontaine (1). »   (Octobre 1811).

Il aime Pascal.

« Pascal enlevait toutes les vérités et toutes les idées à la
« pointe de son génie (2). Il a senti toute la puissance de son
« imagination et la profondeur de son pessimisme :
« Dans les admirables peintures que Pope et Pascal ont faites
« de l'homme, ce n'est pas Pope qui est le plus grand poète, c'est
« Pascal. Pour lui trouver un rival il faut recourir à Lord Byron.
« Les deux plus fortes et les deux plus amères intelligences des
« temps modernes sont Pascal et Lord Byron (28 février 1832) (3). »

Il ose comparer l'auteur des *Pensées* avec Rivarol. Son enthousiasme pour ce dernier l'égare.

« Il y a deux ouvrages de la perte desquels je ne me conso-
« lerai jamais. Je veux parler du grand ouvrage de Pascal sur la
« religion dont les *Pensées* ne sont que des fragments et de l'ou-
« vrage non moins remarquable de Rivarol sur la *Théorie du*
« *Corps politique*. C'est là que ces deux éminens génies avaient
« déployé toute la vigueur et tout l'éclat d'une pensée et d'un
« talent de style qui n'ont point eu d'égaux (1er mars 1832), (4). »

Chênedollé a bien jugé le génie de La Rochefoucauld et celui
de Vauvenargues.

« La Rochefoucauld a porté dans l'étude de l'homme la finesse
« et le coup d'œil perçant et délié du courtisan ! Vauvenargues y
« a porté la hauteur d'âme du philosophe, et la tendresse de gé-
« nie d'un honnête homme. (5) » (1833).

Avec Rivarol, Fontanes, Joubert, Chênedollé a eu l'occasion
de juger les écrivains du xviiie siècle. Il reconnaît leur infériorité
sur ceux du xviie siècle.

« Pascal est plus transcendant que Jean-Jacques Rousseau. Il
« vous prend plus brusquement par les cheveux pour vous enlever
« jusqu'au ciel. »   (28 février 1832.) (6)

Il n'aime guère Voltaire parce qu'il préfère l'émotion à l'esprit.
Dès l'adolescence, il goûtait fort Bernardin de Saint-Pierre.
L'*Arcadie* fut avec L'*Emile* de Rousseau et les *portraits* de Buffon

(1) Ms. D. 544, f. 278 (v.)
(2) Ms. D. 544, f. 410.
(3) Ms. D. 544, f. 409.
(4) Ms. D. 544. f. 410.
(5) Ms. D. 554, f. 450 (v.)
(6) M. D. 544. f. 409.

ses premières lectures (1). Il écrivit même à Bernardin pour lui demander, à titre de compatriote, de lui confier le manuscrit de l'*Arcadie* (2).

Avec le temps son enthousiasme, se ralentit.

« Bernardin, écrit-il en 1833, manque de pensée mais il a un « grand charme et un admirable talent de description. Il a très « bien présenté l'univers par son côté poétique, mais il n'a pas « connu le côté philosophique. Il a eu tort de vouloir réformer le « monde de Neuton (3) ; il devait se contenter d'être le décorateur « de l'Univers sans aspirer à en être l'architecte. Il devait se « borner à faire la décoration de l'Univers, sans vouloir en rebâtir « l'édifice (4) ».

Les œuvres de Buffon avaient ravi Chênedollé au sortir du collège lorsqu'il les lut pour la première fois, en Janvier 1789. Rivarol détruisit cet enthousiasme de jeunesse.

« Buffon fut l'ennemi de la Méthode et déclama contre Linné « Il fut pour ainsi dire impatient de la méthode. Il la regardait « comme une chaîne qui liait son Génie et à laquelle il ne pouvait « s'astreindre. Il a eu tort. C'est la méthode qui avance la « science » (5)   (1833).

Il a bien défini le talent de Marivaux :

« Marivaux a été pour le cœur ce que Fontenelle avait été pour « l'esprit. Il en a parcouru les recoins les plus mystérieux, et a « fait la dissection la plus fine de tous les sentiments du cœur, « comme Fontenelle avait disséqué les fibres les plus déliées « de l'esprit. (1832) (6).

Chênedollé admirait André Chénier. Il sollicita de Daunou, en 1814, l'autorisation de publier ses manuscrits. (7) Henri de Letouche obtint cette faveur. C'est à Chênedollé que nous devons le mot fameux (8) :

« André Chénier était athée avec délices » (9).

Dans le petit cercle de Mme de Beaumont on n'aimait pas Marie-Joseph Chénier et Chênedollé partageait cette antipathie.

« Les trois hommes de Lettres les plus distingués de la fin du

(1) Sainte Beuve. *Chateaubriand et son Groupe littéraire sous l'Empire*, t. II, p. 151-152.
(2)   »   »   p. 152.
(3) (*Sic*) pour Newton.
(4) Ms. D. 544. f. 568.
(5) Ms. D. 544. f. 547.
(6) Ms. D. 544 f. 407.
(7) Documents biographiques sur M. Daunou, par M. Taillandier 2ᵉ éd. 1841. p. 221 etc.
(8) Il le tenait lui-même de Rivarol.
(9) Sainte-Beuve T. IL, p. 182.

« xviiie siècle, écrit le poète dans son *Journal*, sont Beaumarchais,
« Mirabeau et Rivarol. Beaumarchais, par son *Figaro*, donna le
« manifeste de la Révolution ; Mirabeau la fit ; Rivarol la com-
« battit et fit tout pour l'enrayer : Il mourut à la peine. » (1)

Chênedollé a su, en général, discerner le mérite de ses contemporains. Il a beaucoup goûté Chateaubriand :

« Chateaubriand est le seul écrivain en prose qui donne la
« sensation des vers : d'autres ont eu un sentiment exquis de
« l'harmonie mais c'est une harmonie oratoire. Lui seul a une
« harmonie de poésie (2) (1815).

A propos d'*Atala*, qu'il avait entendue lire chez Mme de Beaumont, Chênedollé écrit : « Jamais écrivain ne jette ses richesses
avec tant d'abandon (3) (1815) ». Chênedollé admirait la conversation de Mme Staël : « Elle est teinte de la foudre, disait-il ». Il
la préférait à celle de Rivarol. « Elle l'avait plus vive et plus
ardente » (4).

Toutefois il appréciait moins les écrits de Mme de Staël.

« Il y a de la pensée dans Mme de Staël, écrit-il en 1833, mais
« il n'y a pas d'idées, car les idées supposent une série et de la
« déduction, et elle en manque éminemment (5). »

Chênedollé applaudit aux succès des premiers romantiques. Il
trouve *la Coupe et les Lèvres* de Musset admirable (6). Il a l'intention d'écrire, dans les *Annales de la Littérature de Trouvé*, un
article sur les premières poésies de Victor Hugo. Il se laisse de-
vancer par Edmond Géraud (7).

(1) Sainte-Beuve T. II., p. 177.
(2) Ms. D. 544. f. 296.
(3) Ms. D. 544. f. 293 (v.)
(4) Sainte-Beuve, T. II. p. 190.
(5) Ms. D. 544, f. 568.
(6) Ms. D. 544 f. 447 (1832),
(7) Le fait est attesté dans la lettre suivante d'Edmond Géraud à Chênedollé. Je dois à Mne Buhan, de Bordeaux, la commuuication de ce document
inédit :

Le 7 mars 1827.

« Monsieur, j'étais dans l'usage d'adresser à *L'Aristarque* des articles lit-
« téraires qu'il a toujours publiés avec l'empressement le plus flatteur.
« Parmi ces articles s'en trouvaient deux sur la poésie de *M. Victor Hugo.*
« Au moment où *l'Aristarqne* cessa de paraître. M. le Baron de Briand, édi-
« teur de ce Journal, s'empressa de m'apprendre qn'il avait remis ces deux
« articles aux *Annales de la Littérature.* Satistait de savoir que mon travail
« ne serait pas dès lors entièrement perdu, je m'étonnais un peu de la len-
« teur qu'apportait M. Trouvé à le faire paraîtrc. Lui ayant écrit dernière
« à ce sujet, je viens de recevoir une lettre par laquelle il m'annonce que,
« dès le mois de novembre dernier, vous vous êtes vous même chargé de
« rendre compte de l'ouvrage de Mr Victor Hugo. Rien ne pouvait mieux
« sans doute me consoler de ce contre tems, que l'espoir de lire vos judi-
« cieuses remarques sur un écrivain si étranger à toutes les qualités qui

Chênedollé ne borne pas ses lectures aux auteurs français. Il est curieux de littérature étrangère. Il admire Gœthe, Schiller, Dante et Byron.

Il admire Byron avec une naïveté touchante :

« J'aimerais mieux avoir fait les strophes de Lord Byron sur le
« *Colisée* et *Saint-Pierre de Rome* que tout le *Génie de l'Homme*.
« Les deux strophes décèlent plus le grand poète, l'homme inspiré,
« le créateur que tout mon poème (1). » (2 juillet 1833).

« Le pouls poétique bat à Lord Byron dix fois plus vite qu'aux
« autres poètes. On ne se fait pas d'idée de cette verve là. C'est
« un torrent de génie... Il y a le plus grand parti à tirer de son
« *Pèlerinage de Childe-Harold*. Il y a dans le quatrième chant,
« une *Ode* sur Rome en ruines, une Ode sur la Mer, etc. Des
« chœurs de Maufred, on peut tirer des odes magnifiques. » (1833)
« (2) 24 juillet).

« C'est quand je lis des hommes comme Gœthe, Schiller,
« Klopstock, Byron... que je sens combien je suis mince et petit.
« Je le dis, dans la sincérité de mon âme et avec la plus intime
« conviction. Je n'ai pas la dixième partie de la pensée, du talent
« et du Génie poétique de Gœthe, etc. » (3)

D'après Chênedollé, les hommes les plus forts en poésie de la

« distinguent vos poésies. On n'a point le talent que vous montrez comme
« faiseur, sans être nécessairement un excellent juge et sans savoir donner
« à sa critique toute l'autorité d'un grand sens et d'une profonde expérience.
« Je dois vous l'avouer cependant, le délai que vous avez mis à envoyer
« votre article, me laisse encore un espoir. Ne serait-il pas possible qu'en-
« traîné par des soins plus importants ou peut-être même par des études
« plus attrayantes vous n'eussiez pu vous occuper encore des poésies de
« M. Victor Hugo. S'il en était ainsi et surtout si vous ne teniez pas parti-
« culièrement à tenir votre promesse, veuillez avoir M' l'extrême bonté d'en
« avertir le plutôt (*Sic*) possible l'*Editeur des Annales.* Dégagé par votre lettre
« de toute obligation envers M'' Victor Hugo, sans doute alors M'' Trouvé
« se déciderait à insérer les articl-s qu'il a déjà entre les mains ; vous-
« même seriez ainsi délivré du soin de remplir une promesse qu'il vous est
« peut-être moins facile ou moins agréable de tenir depuis que vous avez
« lu les volumes de notre jeune Lyrique ; et je me trouverais en même
« temps affranchi du petit chagrin d'avoir pris une peine complettement (*Si'*)
« inutile.

« Remarquez bien, Monsieur, que je vous demande ce service sans y atta-
« cher plus d'importance qu'il ne mérite. J'y mets surtout pour condition
« essentielle, que vous n'aurez pas déjà écrit une ligne sur les poésies.

« Adieu, Monsieur, ceci n'est point une réponse à votre aimable lettre du
« 15 février d''. Je me propose moi aussi de vous écrire plus longuement,
« ne fut-ce que pour vous remercier du ton affectueux que vous voulez bien
« prendre avec moi. J'en éprouve un sentiment de plaisir et de recon-
« naissance qui ne peut se comparer qu'à la haute considération que je
« vous ai depuis longtemps vouée. »

(1) Ms. D. 514, f. 478.
(2) Ms. D. 514, f. 481.
(3) Sainte-Beuve, *op. cit.* T. II. p. 186.

fin du xviii° siècle au début du xix° sont : Alfieri, Monti, Lord Byron, Chateaubriand et l'abbé Delille ! (1). Hélas, Chênedollé écrivait cette note en 1833 (20 juillet). Il n'avait pas encore rendu tout à fait le fétiche du pseudo-classicisme !

Le *Journal* du poète ne contient pas seulement des jugements littéraires sur les grands écrivains du temps, on y trouve une foule d'anecdotes, de bons mots pris à Rivarol. L'influence de cet esprit sceptique et libertin fut considérable sur Chênedollé. On peut dire qu'il n'y échappa jamais complètement : ce fut la première empreinte reçue, peut-être la plus durable.

Jusqu'en ses appréciations littéraires, Chênedollé réflète trop fidèlement Rivarol, son premier maître à Hambourg. Il serait assez instructif à ce point de vue, de comparer les notes de Chênedollé avec les carnets de Rivarol (2), mais on n'en connaît que ce que M. Le Breton a publié (3) et c'est peu.

Dans ses notes, Chênedollé a consigné fidèlement ses conversations avec Joubert, Fontanes, Delille. Les plus grands noms (4) du xix° siècle s'y rencontrent : elle ont l'intérêt d'un document historique

La publication intégrale du *Journal* de Chênedollé offrirait un travail gigantesque — il compte plus de 2.000 folios — et son intérêt serait très inégal. En outre, beaucoup de passages, d'un caractère trop intime ne peuvent être livrés à la publicité (5).

J'ai dû choisir parmi les années les plus intéressantes où Sainte Beuve avait déjà puisé (de 1802 à 1833) les notes relatives à Rivarol, Klopstock, Chateaubriand, Mme de Caud (6) Joubert.

Les extraits que je publie proviennent :

1°) *des Archives du Coisel*, où Madame la Comtesse d'Annoville, petite fille du poète, m'a laissée puiser parmi ses précieux documents. J'ai eu soin d'indiquer pour mémoire, à la fin de chaque note, celles qui proviennent directement de la famille de Chênedollé.

2°) *de la Collection Spoëlberch de Lovenjoul*. Sainte - Beuve lorsqu'il composa l'ouvrage intitulé *Chateaubriand et son Groupe* (1861), obtint, de la veuve du poète, communication des papiers du Coisel. La correspondance échangée entre le critique et Mme de Chênedollé est maintenant la propriété de l'Institut de France. (7)

Sainte-Beuve commit l'indélicatesse de garder la plus grande

(1) Ms. D. 544. f. 478.
(2) M. Charles Tollin, arrière-petit-neveu de Rivarol a vainement recherché à mon intention *les Carnets inédits* de son grand oncle dans ses archives de famille.
(3) M. Le Breton-*Rivarol*, sa vie, ses idées, son talent, d'après des documents nouveaux. (Hachette 1895 - in-8°).
(4) Klopstock Mme de Staël, Chateaubriand, etc.
(5) Les trois petites filles du poète vivent encore.
(6) Lucile de Chateaubriand.
(7) Collection Spoelberch Lovenjoul Ms D. 599. f. 261 à 291.

partie des documents qui lui avaient été confiés, malgré les justes revendications de la famille du poëte.

A sa mort, M. J. Troubat, son légataire universel, recueillit les notes du poète parmi les innombrables dossiers de Sainte-Beuve et les vendit au comte de Lovenjoul en 1877.

On n'en entendit plus parler depuis. On les croyait à tout jamais perdues, lorsque le comte de Lovenjoul avant de mourir légua ses collections à l'Institut de France, où elles ont été retrouvées (1).

Les notes de Chênedollé ont été recueillies et foliotées par M. Georges Vicaire, conservateur de la collection Lovenjoul, à Chantilly (2). Retrouvées dans différents dossiers à plusieurs reprises, ces notes se présentent sans suite et sans ordre chronologique. C'est donc un travail extrêmement minutieux et délicat de les classer, surtout de les dater. J'ai pu y parvenir pour la plupart, soit à l'aide du contexte, soit plus simplement, à l'aide du format — qui varie suivant les époques.

Les folios que j'ai eu soin d'indiquer pour chaque note, n'offrent aucune indication chronologique. Ils permettent seulement d'en référer au manuscrit.

Lorsque les mêmes notes se sont présentées plusieurs fois avec quelque variante, je les ai conservées.

3°) *Sainte Beuve*, dans sa jolie mais trop souvent inexacte étude sur Chênedollé (3), a publié une partie des notes du poète. Mais — de son propre aveu — il est loin de les avoir épuisées. J'ai conservé dans ces extraits les fragments publiés par Sainte Beuve qui sont parmi les plus intéressants, et j'ai eu soin de rectifier le texte chaque fois qu'il avait été altéré.

J'ai rétabli intégralement le « thrène funèbre » sur Mme de Caud et complété les passages relatifs à Fontanes (1821).

En achevant ce travail si longtemps entravé par la guerre (4), je tiens à exprimer toute ma gratitude à M. Frédéric Masson, qui a bien voulu m'autoriser à publier les extraits inédits du *Journal* de Chênedollé.

M. Georges Vicaire, conservateur de la collection Spoëlberch de Lovenjoul qui a facilité, par sa complaisance et son érudition de bibliophile, mes fructueuses recherches à sa bibliothèque.

Enfin, MM. G. Lanson et G. Michaut, qui m'ont donné leurs précieuses directives.

L. DE LAMARE DE SAMIE.

Chantilly-Vire, 1918-1920.

(1) Les notes de la collection Spoëlberch Lovenjoul comprennent environ 570 folios. (Ms. D. 544).

(2) En Juin 1917.

(3) Châteaubriand et son groupe, t. II, p. 145-326. (éd. 1861, Garnier, in-8°).

(4) La collection Spoëlberch de Lovenjoul, à Chantilly, est restée fermée du mois d'août 1914 à septembre 1919.

BIBLIOGRAPHIE

Manuscrits.

1. *Archives du Coisel*. (Communication de Mme la Comtesse d'Annoville, petite-fille du poète de Chênedollé).

II. *Collection Spoëlberch de Lovenjoul* Ms. D., 544, t. I et II.

Imprimés.

I. Sainte-Beuve. — *Châteaubriand et son Groupe*, t. II. (édit. 1861, Garnier, in-8°).

Œuvres du poète Chênedollé.

I.*)* L'Esprit de Rivarol (anonyme), 1808, publié par Fayolle et Chênedollé.

II,*)* OEuvres complètes *(Génie de l'Homme)*, éd. 1827. *Études Poétiques*, éd. 1822, Firmin-Didot, 1864, in-8°.

1803

17 mai [1803].

Hier, je me suis promené avec ravissement dans le bois de Pontbellanger (1). Tout y était si frais, si délicieux ! Le vert des arbres était si tendre, les pensées, les marguerites, le pain (*sic*) ou coucou et quelques primevères tardives tapissaient la lisière que l'on parcourt pour arriver au château.

(*Arch. du Coisel.*)

*** ***

18 mai [1802].

Hier, je suis entré dans l'église de Saint-Martindon (2). Je n'y étais pas entré depuis 1790. J'ai revu avec douleur la pierre de la tour où étaient nos armes et d'où elles ont été effacées par le marteau révolutionnaire. J'ai vu la place du chœur où était notre banc et d'où il fut arraché pour être brûlé dans le cimetière. On en fit un feu de joie. J'ai revu le tombeau de M. de Longaunay (3) qui était sous notre banc et qui m'avait tant frappé étant jeune. Les armes y sont encore. Elles n'ont été que légèrement mutilées. Son titre de noble est seulement effacé. Tous les noms des paroisses dont il était seigneur y sont encore. Que de réflexions à faire là-dessus.

(*Arch. du Coisel.*)

*** ***

(1) Le château de Pontbellanger était situé à quelques kilomètres du Coisel, résidence du poète Chênedollé, et habité par un de ses amis le comte D'Amphernet.

(2) Saint-Martindon, terre seigneuriale achetée au comte de Longaunay en 1745, par Jean-Antoine Lioult, grand-père du poète Chênedollé,

(3) Dernier du nom qui fut seigneur de Saint-Martindon et de la Baconnière avant 1745.

1804

Août.

L'âme n'est jamais plus sensible et le talent ne fait jamais retentir une plainte plus douce et plus harmonieuse, que lorsque le cœur est malheureux ou par un sentiment déçu ou par une passion qu'il ne peut satisfaire.

C'est à la suite des voluptés solitaires que l'âme éprouve ou l'aigreur la plus violente ou cette langueur si triste qui naît de cette réflexion : hélas ! l'homme est donc obligé de mutiler jusqu'au sentiment si doux que la nature lui avait donné pour le dédommager de toutes ses peines.

Je connais bien toute la puissance du malheur. C'est un mot et une chose que j'ai bien appris à redouter. Depuis bientôt trois ans, je n'ai pas eu un mouvement de joie, et encore quels dégoûts, quelles allarmes (*sic*), quels effroyables accès de jalousie quand j'étais auprès d'elle ! (1) Il est vrai que j'étais payé de tout par un sourire, par un regard, par un mot prononcé avec sa douce voix. O bonheur, ne reviendrez-vous plus ?

(Arch. du Coisel.)

**

Novembre [1804].

[Extrait d'un carnet qui a pour titre : *Madame de Câud*] (2) :

La mélancolie est l'écueil des belles âmes, des grands talents et peut-être des grands caractères. On se dégoûte de tout parce qu'on a senti tout trop vivement.

Il est bien peu de personnes qui sachent respecter une grande douleur, du moins si l'on en juge par l'indifférence ou même la joie qu'on témoigne devant celui qui l'éprouve.

Il n'est pas bon que l'homme soit trop solitaire et qu'il se livre trop à sa pensée et à sa douleur. Il dévore alors son propre cœur, et il se tue ou devient fou.

Il est bien peu de personnes qui sentent combien une véritable douleur doit durer longtemps.

**

(1) Lucile de Chateaubriand, Madame de Caud.

(2) Publié par Sainte-Beuve dans *Chateaubriand et son Groupe*, t. II, page 244 et suiv.

Revu et complété sur l'original (*Archives du Coisel.*)

Cf. aussi Anatole France : *Lucile de Chateaubriand*, Ses œuvres précédées de sa vie. Charavay, 1879. — Louis Thomas : *Lucile de Chateaubriand*, Ses œuvres. Paris, Messein. Société des trente, 1912, in-8. — L. de Lamare : *Un épisode de la vie de Lucile de Chateaubriand*, La Minerve francaise, mars 1920.

Je lui ai entendu réciter ces vers :

Il faut brûler quand de ses flots mouvants, etc.

Auprès de cette femme céleste, je n'ai jamais formé un désir. J'étais pur comme elle. J'étais heureux de la voir, heureux de me sentir près d'elle. C'était l'espèce de bonheur que j'aurais goûté auprès d'un ange.

Il fallait peu de choses pour procurer du bonheur à ce cœur si triste et si malade. Je me rappelle sa joie lorsqu'on lui procura à Fougères ce petit jardin où elle pouvait lire et méditer sans être vue. Ce fut pour elle le suprême bonheur.

Dans la voiture qui nous conduisait à Lascardais : « Quand les hommes et les amis nous abandonnent, il nous reste Dieu et la nature ? » me dit-elle en soupirant.

***

Ce qu'il y a de cruel dans les grandes douleurs causées par des grandes pertes (1), c'est de voir la profonde indifférence des autres.

Les amis nous disent : « On ne peut pas toujours s'affliger, il faut chercher des distractions. » — Hélas ! quand on a bien souffert, quand on commence à se soulever sous le poids de ses maux et qu'on essaye de se rattacher encore à quelques illusions, il vient un nouvel accident, une nouvelle mort qui vous perce le cœur encore tout saignant de sa première blessure. Il vaut bien mieux se faire une habitude de la tristesse, repousser les caresses de l'espérance et bien se dire qu'il n'est plus de bonheur. Mais alors qu'est-ce que la vie ? Car l'homme est porté par un désir invincible vers le bonheur.

***

, [Il n'y a qu'une grande ferveur religieuse qui puisse nous donner une résignation parfaite à la mort et à la perte de nos amis, plus cruelle peut-être que la mort.

Comment la religion pourrait-elle nous rendre insensible à la perte de notre mère (2), de notre femme, de nos amis, puisque ces sentiments sont excellents en eux-mêmes et qu'ils nous sont donnés par l'auteur même de la nature. Voilà ce qui fait qu'il n'y a point de bonheur en cette vie, car nous sommes exposés à ces pertes-là et la religion ne garantit point des regrets (3).]

***

Il me semble la voir encore, belle de mélancolie et d'amour, se troubler, pâlir, se couvrir de sueur, et me dire avec l'accent le plus tendre et le plus étouffé : « Monsieur Ch..., ne me trompez-vous point ? M'aimez-vous ? » puis se reprenant et disant :

---

(1) Lucile mourut le 9 novembre 1804.

(2) Mme de Saint-Martindon, mère du poète Chênedollé, était morte le 16 mai 1800.

(3) Fragment inédit. *Archives de Coisel.*

« Ne croyez pas au moins que je veuille vous épouser, je ne ferai jamais mon bonheur aux dépens du vôtre. »

La pitié attendrit ce cœur jusqu'à l'amour.

Le soir, je tremblais d'éteindre ma lumière ; l'idée que le moment où je verrais le jour reparaître était l'instant du départ me faisait frémir.

Je lui disais : « Je serai heureux d'avoir passé un instant à côté de vous dans la vie ; il me semble avoir passé à côté d'une fleur charmante dont j'ai emporté quelques parfums. »

****

[Dans le moment de ma passion pour Mme de Caud, je me formais une idée de bonheur si vive, si exaltée, que rien n'y manquait. Si on m'avait parlé d'y ôter, d'y retrancher la moindre chose, j'aurais jeté des cris de désespoir. Et dans le vrai, je ne concevais pas qu'on pût exister autrement qu'avec ce bonheur si arrondi et si complet. Il a fallu voir détruire pièce à pièce tout cet édifice de félicité. Il a fallu voir les événements les plus cruels déchirer et emporter chacun un lambeau du cœur, et aujourd'hui, la seule chose à laquelle j'ose aspirer, c'est un peu de calme à une agitation diminuée, et pourrai-je le trouver ?

Les malheurs les plus exaltés se terminent à une peine adoucie(1).]

****

29 brumaire.

[L'or dessèche le cœur et éteint tous les sentiments nobles et délicats.

Il n'y a rien d'affreux comme d'avoir à traiter d'intérêts le jour d'une grande douleur (2).]

Cette femme me paraissait si pure et si céleste, que je ne puis me faire à l'idée qu'elle n'est pas morte vierge. Il me semble qu'il n'y avait point d'homme digne de la serrer dans ses bras.

C'est avec une réflexion bien douloureuse que je m'aperçois que j'ai perdu ma sensibilité. Sans doute j'ai été profondément affecté de sa mort, mais cette femme admirable n'est pas regrettée aussi vivement et aussi dignement qu'elle mérite de l'être. L'année dernière, je n'aurais pas survécu à un coup aussi terrible.

Celui qui n'a pas connu Lucile ne peut pas savoir ce qu'il y a d'admirable et de délicat dans le cœur d'une femme. Elle respirait et pensait dans le ciel. Il n'y a jamais eu de sensibilité égale à la sienne. Elle n'a point trouvé d'âme qui fut en harmonie avec la sienne ; ce cœur, si vivant, et qui avait tant besoin de se répandre, a d'abord tué sa raison et a fini par dévorer sa vie.

Il me vient une pensée effroyable... Je crains qu'elle n'ait attenté à ses jours. Grand Dieu ! faites que cela ne soit pas, et ne permettez pas qu'une si belle âme soit morte votre ennemie. Ayez pitié d'elle, ô mon Dieu, ayez pitié d'elle !

(1) Fragment inédit. *Archives de Coisel.*
(2) *Ibidem.*

Lucile est un exemple bien terrible du pouvoir des imaginations fortes. L'alliance perpétuelle de son imagination et de son cœur avait fini par tuer sa raison. Mais qu'elle était touchante dans son égarement ! On ne lui a jamais surpris un mouvement qui ne fut parfaitement noble et parfaitement délicat.

Que de combats ce cœur si triste et si passionné a eu à rendre contre lui-même, et que les souffrances de l'âme ont dû être grandes pour avoir détruit aussi vite un corps aussi robuste et aussi bien organisé !

*
* *

4 frimaire.

[Il y a des remords vertueux et des remords sans vertu. Les seconds ne sont que la doulenr de n'avoir pas réussi.

Il ne faut pas trop s'appesantir sur ces idées de tristesse et de misantropie (*sic*), c'est un poison qui s'irrite et s'aigrit dans le cœur et finit par égarer la raison.

Il faut un cœur dans la vie pour s'appuyer. Mais, hélas ! les illusions sont autant de roseaux qui se brisent sous la main de l'homme qui cherche à s'y appuyer (1).]

Jamais la nature ne m'a paru plus triste. Un silence universel règne dans la campagne. On n'entend que le bruit monotone des gouttes de pluie qui frappent les rameaux des arbres dépouillés et tombent sur les feuilles desséchées :

Il ne peut faire un pas sans heurter son tombeau.

Que de gémissements sortent chaque jour de ce cœur si triste !

L'homme est en quelque sorte heureux de sa douleur et de ses regrets, tant qu'ils n'ont point été profanés par une pensée ou une action coupable. [Ainsi l'homme qui a perdu sa femme ou son amie trouve un charme dans sa tristesse tant qu'il n'a point commis d'infidélité avec une autre femme (alors une volupté solitaire me paraîtrait moins odieuse qu'une infidélité) (2).] Quand il n'a point été fidèle à sa douleur, il peut éprouver de nouveaux regrets, mais ils sont sans vertu.

*
* *

Quelle joie elle eut de me revoir à Rennes ! et comme le sourire vint tout à coup éclaircir les ombres de ce visage si doux et si profondément mélancolique ! Je n'oublierai jamais l'espèce de reconnaissance qu'elle me témoigna pour avoir détruit, par ma présence inattendue, les impressions fâcheuses qu'on avait cherché à lui donner contre moi. On voyait qu'elle me savait bon gré de lui rendre encore la possibilité de m'aimer.

Je n'essayerai pas de peindre la scène qui se passa entre elle et moi le dimanche au soir. Peut-être cela a-t-il influé sur sa prompte mort, et je garde d'éternels remords d'une violence qui, pourtant, n'était qu'un excès d'amour. On ne peut rendre le délire du

---

(1) **Fragment** inédit. *Archives du Coisel.*
(2) *Ibidem.*

désespoir auquel je me livrai quand elle me retira sa parole, en me disant qu'elle ne serait jamais à moi. Je n'oublierai jamais l'expression de douleur, de regret, d'effroi, qui était sur sa figure lorsqu'elle vint m'éclairer sur l'escalier. Les mots de passion et de désespoir que je lui dis, et ses réponses pleines de tendresse et de reproches, sont des choses qui ne peuvent se rendre. L'idée que je la voyais pour la dernière fois (présage qui s'est vérifié) se présenta à moi tout à coup et me causa une angoisse de désespoir absolument insupportable. Quand je fus dans la rue (il pleuvait beaucoup), je fus saisi encore par je ne sais quoi de plus poignant et de plus déchirant que je ne puis l'exprimer. Mon désespoir devint féroce. [Il faut repousser ton image avec une barbarie affreuse et déchirante, mais nécessaire. Ce n'est pas le moment de s'attendrir.] (1) Devais-je imaginer que l'ayant tant pleurée vivante, je fusse destiné à la pleurer sitôt morte ?

Quelle pensée ! Ce visage céleste, si noble et si beau, ces yeux admirables où il ne se peignait que des mouvements d'amour épuré, de vertu et de génie, ces yeux les plus beaux que j'aie vus, sont aujourd'hui la proie des vers. Il est impossible de penser à cette image sans frémir... Oh ! c'est bien alors qu'il faut s'écrier avec Bossuet : *Oh ! que nous ne sommes rien !* C'est alors qu'on en veut à cette cruelle espérance qui se réveille encore quelquefois au fond de notre cœur, se soulève sous le poids des maux et veut nous persuader que la vie est quelque chose. C'est alors que tout projet de félicité s'évanouit et que toute idée de bonheur tombe en défaillance. Ecrions-nous donc avec Bossuet : *Oh ! que nous ne sommes rien !* et demandons à Dieu la grâce d'une bonne mort.

Hélas ! elle sera peut-être morte sans consolation. Elle n'aura point eu peut-être devant son lit de mort ce sourire de l'amitié qu'elle avait tant désiré. Douloureuse pensée ! Ce cœur si aimant, si délicat, si sensible, aura-t-il été seul vis-à-vis de lui-même dans ces derniers instants, et n'aura-t-il point trouvé une main amie pour lui adoucir la mort ? Encore si son frère avait été auprès d'elle !

Peut-être aurais-je rendu un peu de calme à cette imagination effarouchée, peut-être aurais-je réconcilié avec la vie, ce cœur si triste et si malade, et qui ne demandait qu'un roseau pour s'appuyer.

Son imagination était effarouchée des hommes et de la vie.

Son visage exprimait toujours la plus profonde mélancolie, et ses yeux se tournaient naturellement vers le ciel, comme pour lui dire : Pourquoi suis-je si malheureuse ? — Quelquefois elle sortait de cette profonde tristesse et se livrait à des accès de gaieté et à de grands éclats de rire, mais ces éclats de rire, faisaient sur moi la même impression que les rires d'un homme attaqué de folie : ils conservaient, par un contraste terrible, toute l'amertume de la tristesse, et, sur ce visage si mélancolique, la gaieté même semblait malheureuse.

(1) Fragment inédit. *Archives du Coisel.*

* * *

[Ce qui ravit la jeunesse si heureuse, c'est qu'elle se confie sans crainte à la vie et qu'elle est riche d'illusions et d'espérance ; mais l'homme qui a vécu longtemps se défie toujours du bonheur et ne se confie qu'en tremblant à la vie. Par exemple, il ne m'est jamais arrivé d'aller qu'en tremblant chez Mme de Caud. Je craignais toujours de la trouver pour moi plus mal que la veille, parce que cela m'était arrivé souvent. Aujourd'hui, puisqu'elle part, il faut bien me dire qu'il n'y a plus de bonheur pour moi. Il faut surtout renoncer à l'espérance cette douce et cruelle folie qui ne fait tant de mal à l'homme que parce qu'il lui offre l'appât d'un bonheur qui n'est pas fait pour lui. Je puis dire que depuis treize mois je n'avais pas eu un seul mouvement de joie et ce n'est qu'auprès d'elle que j'avais senti que mon cœur si longtemps flétri n'était pas encore mort au sentiment du bonheur. Mais je le paye cher aujourd'hui : la dernière illusion est détruite et me voilà retombé dans le néant.

La vie a deux côtés : un côté odieux et un côté flatteur, et notre faiblesse ne demande pas mieux que de se rattacher au côté flatteur. Mais qu'il est cruel, après avoir espéré, de retomber tout entier dans le vide absolu du cœur et dans le néant de la vie. Celui qui se confie à l'espérance met de la rage et du désespoir dans son avenir : en n'espérant point on n'a point de bonheur il est vrai, mais si l'existence est triste et monotone, du moins elle est tranquille.

Le désespoir est l'énergie des lâches.

On ne l'a jamais vu (de Ch.(1)) sourire, mais on l'a souvent vu pleurer.

J'aurais voulu vous (2) entourer d'une atmosphère de félicité et charger de vie et de bonheur l'air que vous auriez respiré, mais vous ne l'avez pas voulu et par une espèce de délicatesse qui tue ceux que l'on aime vous avez donné la mort à deux cœurs, si bien faits pour sentir le bonheur et la vie.

Sitôt que j'étais auprès d'elle, je retrouvai le secret de la vie : la présence de ce visage céleste endormait toutes mes douleurs et lorsqu'elle m'adressait quelques mots de pitié et de douceur, c'était comme un baume adoucissant qui pénétrait tout mon cœur. J'étais heureux du bonheur de la regarder et jamais le moindre désir des sens n'est venu troubler des voluptés si délicates et si épurées. J'éprouvais en la voyant ce qu'on doit éprouver dans la présence d'une divinité.

Attala (*sic*) et René ont été tissus avec l'ouvrage et doivent rester dans le cadre.

Mme de Caud me disait d'une manière très aimable que mes vers étaient rayonnans, qu'ils étaient revêtus d'une robe de lumière, c'est bien là le ton d'une femme qui veut nous séduire par la flatterie (3).]

(Arch. du Coisel.)

(1) De Chênedollé, le poète.
(2) Le poète s'adresse à Lucile, Madame de Caud.
(3) Fragment inédit. *Archives du Coisel.*

1805

19 fructidor an XIII.

Robespierre

Chose étrange ! Le Français savait braver le mort et ne savait pas braver la tyrannie ; il voyait l'échafaud sans frayeur, et il n'osait pas se délivrer du tyran qui l'y envoyait. Il était à la fois audacieux et pusillanime, courageux et rampant. La nation était déchirée au dedans, et triomphante au dehors. La honte était au forum et la gloire dans les camps.

Mot de Barnave : « Les révolutions tuent ceux qui les font ».

(Arch. de Coisel.)

* * *

15 vendemiaire an XIII.

Mme de Caud

Quelle soirée cruelle je passai il y a aujourd'hui deux ans ! — C'est le soir où Mme Lucile me déclara qu'elle ne serait jamais à moi, et *me nia* qu'elle eût donné *sa parole*. Je passai vingt fois des accès du plus violent désespoir aux protestations de la plus vive tendresse. Que ne dis-je pas, quels moyens d'éloquence ne trouvai-je pas pour la persuader. Tout fut inutile. Enfin je sortis les yeux noyés de larmes, le désespoir dans l'âme et dans un état voisin de la folie. Il pleuvait à verse. De quelles pensées, je fus agité dans la rue et surtout quelles insupportables angoisses vinrent me saisir quand je me trouvai seul dans la chambre de mon auberge. Je passai la nuit dans la plus cruelle agitation. Je méditai vingt projets plus extravagants les uns que les autres. Tantôt je voulais me livrer à la plus affreuse vengeance et l'attirer au même piège où Lovolace attira Clarisse, tantôt je voulais la revoir, tantôt lui écrire pour la fléchir. Enfin je résolus mon départ pour le lendemain. Je cherchai inutilement des voitures. Je partis à pied avec un homme qui portait mon paquet. Quand je passai devant le Thabor où nous avions dû nous promener ensemble, des larmes coulèrent de mes yeux, le cœur me manqua. J'hésitai à rentrer dans la ville (1), enfin je continuai la route avec un désespoir encore doublé.

(Arch. du Coisel.)

* * *

Que me fait la gloire à moi ? Elle ne me touche pas où j'ai mal. Elle ne guérit pas la plaie secrète de mon cœur (2).

---

(1) A Rennes, où eut lieu l'entrevue de Lucile avec Chênedollé, en septembre 1803.

(2) Sainte-Breuve : *Chateaubriand et son Groupe*, t. II, p. 200.

***

Oh ! qu'il faut long temps (*sic*) pour guérir les blessures de l'âme.
On ne guérit pas surtout parce qu'on craint de guérir. Je tremblais
de voir finir cet état d'exaltation de toutes mes facultés et je regardais comme le plus grand des malheurs de voir finir mes tourmens,
tant l'homme est misérable ! tant il y a de contradictions dans son
cœur (1) !

Ms Fº 314. (2)

***
***   ***

Mlle de Coigny (3)

La coquette qui aime est un roi qui abdique.
L'âge des femmes : c'est comme au piquet 30 et 60.
On parlait devant elle d'une femme qui avait les cheveux
rouges et on vantait sa vertu : Elle est comme Samson, sa force
est dans ses cheveux ».
— Combien Mᵐᵉ de Valence (4) a-t-elle eu d'amans ?
— Mᵐᵉ de Valence ! Elle va plus vite que la parole.

***

Mᵐᵉ de Staël en passant une barrière demandait à M. de Talleyrand avec un petit air tout à fait innocent : Ah ! mon Dieu, n'ai-je
pas montré ma jambe ? — Jusqu'à l'épaule seulement.

Fº 314 (V.)

***

Mᵐᵉ de Matignon avait Edouard de Dillon (5) pour amant.
Il se cassa le bras. Elle alla le voir un soir (?) avec un de ses amis.
Celui-ci profita de l'interrègne et fut heureux. C'est touchant.

***

Talleyrand est plaisant à entendre sur Mᵐᵉ de Staël. Il prétend
qu'elle lui a fait toutes les avances. Elle l'a violé.

***

— Comment avez-vous pu coucher avec Mᵐᵉ de Balby ? (6) —
Elle m'a violé.

---

(1) Sainte-Beuve : *Chateaubriand et son Groupe*, t. II, p. 200.
(2) Le passage et tout ce qui suit provient de la collection Lovenjoul. Ms, D. 544,
fº 314 et suivants.
(3) Anne-Françoise-Aimée de Coigny immortalisée par A. Chénier, sous le nom
de la jeune captive (1769-1820).
(4) Mᵐᵉ de Valence, fille de Mᵐᵉ de Genlis.
(5) Edouard de Dillon, général français né en Angleterre (1751-1839). On l'appelait à la Cour le beau Dillon. Il émigra avec le comte d'Artois et leva un régiment
à Coblentz pour la 2ᵉ campagne.
(6) Mᵐᵉ de Balby, confidente de Louis XVIII, née en 1753, morte vers 1836,
épousa le comte de Balby en 1770.

— Comment avez-vous pu lui faire un enfant ? — Aussi j'étais c..., il fallait un courage surnaturel.

F° 315.

* * *

Mme de Krudener (1) a de la grâce et quelque chose d'asiatique. Elle a du naturel dans l'exagération. L'extrême sensibilité ne va pas sans un peu d'exaltation. — Le 22 au soir (2) chez Mme de Beaumont elle critiquait Werther. Elle disait qu'il n'y avait point de pensée, et qu'il n'y avait que le mérite de la passion exprimée : — Comment lui dis-je point de pensée ? Il n'y a point de pensées détachées, mais c'est une pensée continue.

* * *

Lezay prétend que Mme de Krud... (3) dans ses moments les plus décisifs avec son amant fait une prière à Dieu en lui disant : —Mon Dieu que je suis heureuse, je vous demande pardon de l'excès de mon bonheur.

Elle reçoit ce sacrifice comme une personne qui va recevoir la communion.

* * *

Les gens du monde sont d'une insensibilité révoltante. Lorsqu'on apprit la mort de M. de Staël, les plaisanteries ne tarissaient pas. — Il a été, disait-on, d'une politesse exquise jusqu'à la fin. C'est là ce qui se nomme savoir vivre même en mourant. C'est la vertu récompensée et autres gentillesses de cette espèce qui me donnent la chair de poule.

* * *

Mme de Staël a eu tous les honneurs de la vertu sans en avoir les charges.

F° 315 (V.).

Mme de Flahaut (4) avait pour amant un anglais. Il lui fit une infidélité qui eut des suites. Elle en tira parti pour lui arracher plus d'argent. Voilà ce que j'appelle avoir de la conduite.

* * *

— Si vous épousez Souza, il sera jaloux. — Oh ! bah, jaloux ! Est-ce qu'avec un verre d'orgeat on ne se passe pas d'un amant ? Elle a eu Fleury des Français et cette connaissance a laissé de longs souvenirs !

F° 316.

* * *

(1) Mme de Krudener (Juliane), mystique russe née à Riga (1764-1824).
(2) Le 22 floréal 1802.
(3) Mme de Krudener.
(4) Mme de Flahaut, romancière (1761-1836), épousa en 2es noces, le comte de Souza (cf. Baron de Maricourt : *Mme de Souza*. Emile Paul, in-8°-1914).

La Poésie

La poésie peint toujours, car les images ne sont que de courtes peintures, et la poésie ne vit que d'images. C'est une suite de figures hiéroglifiques. La poésie n'est qu'un sauvage très animé et qui a du goût. Les sauvages parlent tous par figures.

****

La poésie est une suite d'énigmes dont tout lecteur exercé doit aisément trouver le mot.

****

Shakespeare est un sauvage ivre.

Fo 317.

****

Sur une urne qui contient les cheveux
de la grand'mère et de la petite fille.

Cette urne renferme les dépouilles de la jeunesse et de l'âge mûr. Je ne vis plus que pour les pleurer, en attendant que je puisse me rejoindre à elles.

Fo 317 (V.).

****

Fénelon

Fénelon a mis son cœur dans ses ouvrages : il s'est réfléchi dans ses ouvrages. Ce qui résulte de la lecture de Télémaque, c'est qu'on sent qu'il était éminemment vertueux. Virgile devait sa sensibilité à ses passions, et Fénelon la devait à sa vertu. Comme mouvement de cœur, on ne va pas plus loin que Fénelon, mais on conçoit quelque chose de plus.

****

Mme de Beaumont (1) a observé avec une extrême sagacité que Shakespeare s'en tenait aux premières intentions, et passait à côté des plus belles idées.

****

Adrien de Lezay

Adrien (2) accorde de l'esprit assez facilement. On n'est pas difficile sur ce qu'on n'avoue pas. Voilà pourquoi il est si difficile sur le génie. Il n'en accorde à personne.

---

(1) Pauline de Montmorin, comtesse de Beaumont (1770-1803), fille du ministre de Louis XVI. Amie de Chateaubriand, réunit un groupe d'hommes de lettres rue Neuve-du-Luxembourg. Le poète Chênedollé en fit partie, cf. Bardoux : *Comtesse de Beaumont*, Calmann-Lévy, in-8o-1893.

(2) Adrien de Lezay (1735-1800) connut Chênedollé à Coppet chez Mme de Staël, plus tard rue Neuve-du-Luxembourg chez Mme de Beaumont. Il fut disciple de Rœderer, en politique. Littérateur et publiciste, il a fait un poème en cinq chants : *Lettres écrites des rives de l'Ohio* (1792).

***

La Noblesse

On a voulu établir la Légion d'honneur pour opposer distinction à distinction, et combattre par des titres l'ancienne noblesse. Mais la noblesse ne se crée pas brusquement. Elle n'est pas une idée positive ; c'est une illusion et le temps seul en est l'artiste. Une noblesse qui n'est qu'à vie n'est point une noblesse. Il ne suffit pas même qu'elle ennoblisse les descendans. Il faut qu'elle ennoblisse les ancêtres comme en Chine. On a dit plaisamment, c'est la noblesse constitutionnelle, les chevaliers de l'industrie nationale. Voilà l'esprit français : des plaisanteries surtout.

F° 318.

***

La *distinction* n'est pas le *privilège* : toute distinction finit bientôt par devenir héréditaire : cela n'est pas exact. L'ordre du Saint-Esprit, le cordon rouge, le cordon bleu n'étaient pas héréditaires : cela est vrai, mais ils donnaient de l'illustration aux descendans. On disait : c'est le fils d'un cordon rouge !

F° 318 (V.).

***

Deux ou trois mois avant sa mort Mirabeau fut acheté par la cour. M. de Montmorin (1) fut l'instrument de cette négociation. Mirabeau s'engagea à réunir les deux côtés de l'assemblée et s'il n'y pouvait réussir à la précipiter dans le mépris et à la dissoudre, il rédigea un Mémoire qui contenait ses idées et reçut deux cents mille francs.

Les Lamette s'en aperçurent et résolurent de le perdre. C'est alors qu'il dit ce mot : Silence aux 32 factieux : S'il n'était pas mort, il est douteux qu'il ne nuisît au triomphe des Jacobins. On criait déjà grande trahison de Mirabeau. Si on savait quels gens c'était (*sic*) que ce Club des Jacobins.

F° 319 (V.).

---

(1) Comte de Montmorin Saint-Hérent, ministre de Louis XVI jusqu'en 1791. Massacré à Paris le 2 septembre 1792.

1806

(Avec Joubert) 3 mars au soir sur le Pont-Neuf et devant la colonnade du Louvre (1)

Quand les anciens pétrissaient la matière c'était pour y déposer une idée dont leur imagination avait longtemps fait ses délices. Pour les modernes c'est un tourment.

****

Les anciens peignaient toujours dans les objets la beauté présente ou absente. Ainsi dans la difformité ils peignaient le plan de la beauté et dans la vieillesse la place de la jeunesse. Les modernes n'ont voulu peindre dans la difformité que la chose même. Il n'y a point d'enjouement et point de *recul* dans leur manière de sculpter ou de peindre (2).

Fº 320.

****

Joubert a vêtu sa pensée d'un arc-en-ciel (3).

****

Quand Joubert lut à Fontanes son morceau sur Cook il lui dit : Il y a du Platon et du Xénophon dans votre ouvrage.

****

La Pudeur

Elle rend la vertu si nécessaire qu'il faut vivre irréprochable pour pouvoir être satisfait.

Elle abaisse notre paupière pour ne laisser arriver à nos yeux que ce qu'ils doivent apercevoir, elle interpose un voile entre nos yeux et notre âme ; elle donne une draperie à notre sensibilité ; elle prémunit chaque organe d'un autre organe épurateur, elle donne pour ainsi dire une doublure à tous nos sens, une double prunelle à l'œil, une double oreille à l'ouïe, un gant invisible à la main ; elle exhausse notre marcher ; par elle on touche peu la terre,

---

(1) Joseph Joubert. L'auteur des *Pensées* publiées en 1842 (2 vol. in-8º), né à Montignac en 1754, mort en 1824. Elevé chez les oratoriens de Toulouse, il vint à Paris, en 1778. Pendant la Révolution il se retira à Villeneuve en Bourgogne où il passa le reste de sa vie. C'est chez Mᵐᵉ de Beaumont, dont il était le confident, qu'il connut Chênedollé. Cf. sur Joubert : Saint-Beuve : *Causeries du Lundi*, t. I. — Abbé G. Pailhès : *Du nouveau sur Joubert*, Garnier, in-18, 1900. — P. de Raynal : *Les correspondants de Joubert*, Calmann-Lévy, in-18, 1885. — A. Beaunier : *La Jeunesse de Joseph Joubert*, Perrin, in-18, 1918, etc.

(2) Sainte-Beuve : *Chateaubriand et son Groupe*, t. II, p. 282-283.

(3) Sainte-Beuve : *Chateaubriand et son Groupe*, t. II, p. 280.

on vit en une nuée accessible à l'expérience et non à la corruption.

Elle nous offre un magique enfoncement, un lointain inétendu qui influe sur nos actions, nos mouvements et jusque sur le son de notre voix.

F° 320 (V.).

* * *

Joubert

Joubert veut de l'avenir dans toutes les idées. Il veut que le premier mot touche le dernier, comme le mouvement se communique simultanément à une file de boules qui se touchent. Il faut que tous les fils s'entrelassent (*sic*) et forment le réseau.

Apparet domus intus et atria longa patescunt.

Il faut qu'on entrevoie les longs portiques dans une idée.

Il faut que la lumière soit *massive* (1).

F° 322.

(*Joubert : Œuvres II*, 115.)

* * *

Saint-Just

Dans Saint-Just le crime ressemblait presque à l'enthousiasme de la vertu tant il y mettait d'abandon et d'oubli de soi-même.

Il est surtout coupable d'avoir donné au crime presque la beauté de la vertu.

* * *

Rivarol (2)

Rivarol était meilleur qu'il ne voulait l'être.

* * *

Rivarol exprime au moins bien ses dangereuses opinions et il met du bon sens jusque dans ses erreurs. On est étonné de l'incroyable profondeur de cet esprit dont la souple finesse semblait ne devoir se jouer qu'avec de légères surfaces.

F° 322 (V.).

* * *

Les épigrammes dans Rulhières (3) sont très détournées.

---

(1) « Joubert veut de l'avenir dans toutes ses idées. Il veut que le premier mot touche le dernier, y réponde moyennant un enchaînement continu. Il veut que dès le vestibule tout s'annonce : *Apparet domus intus et atria longa patescunt.*

« Il faut qu'on entrevoie les longs portiques dans une idée, — et aussi qu'arrivé à la fin, en se retournant, on revoie tout le passé d'une seule perspective. » Sainte-Beuve, t. II, p. 285.

(2) Chênedollé connut Rivarol à Hambourg, pendant l'émigration. C'est de lui qu'il reçut la première inspiration du *Génie de l'homme.*

Sur Rivarol, cf. de Lescure : *Rivarol et la Société française pendant la Révolution et l'Emigration* (1753-1801), Plon, 1883, in-8°.

A. Le Breton : *Rivarol, sa vie, ses idées, son talent d'après des documents nouveaux,* Hachette, 1895, in-8°

(3) Rulhières (Claude de), historien et poète, né à Bondy (1735-1791).

Rivarol s'était formé sur lui, sur Voltaire, sur Chamfort, sur Cerutti même. Il y a de tout cela dans Rivarol.

F° 323 (V.).

***

L'homme se peint dans les machines de son invention, comme les oiseaux donnent à leur nid une figure qui leur ressemble.

F° 324 (V.).

***

Quand Rivarol a dit que le style de Dante était *affamé* de poésie, il a voulu dire qu'il était toujours poète par la grandeur des conceptions et des idées et rarement par l'expression. Il faut la lui créer sans cesse et trouver les couleurs convenables aux dessins les plus fiers et les plus extraordinaires qui aient jamais été tracés de main d'homme.

***

Joubert

Il ne faut pas trop affiner le style. Le style de Joubert est trop métallique. Il manque de mollesse (1).

F° 325.

***

Mme de Staël

Mme de Staël apellait (*sic*) Condorcet un Mirabeau pétrifié. Diderot disait que c'était un mouton enragé.

***

Joubert

Joubert prétend qu'il n'y a que de fausses beautés dans Buffon. Il prétend que son style est contagieux parce qu'il cache l'emphase sous un air de sagesse. Cela est injuste de tout point. Buffon n'est pas le premier des écrivains. Sans doute Pascal et Bossuet sont au-dessus de lui ; mais c'est un très grand écrivain. Il a un style pur et limpide, et surtout une grande noblesse. Il a donné à la langue française cette éducation calme et majestueuse que Platon avait donnée à la langue grecque (2).

F° 325 (V.).

***

---

(1) Sainte-Beuve : *Chateaubriand et son Groupe*, t. II, p. 280.

(2) Sainte-Beuve : *Chateaubriand et son Groupe* t. II, p. 282. (Variante : La pureté parfaite du style, s'allie en lui à une noblesse continue).

1807

Conversation avec Joubert (1)
Chateaubriand

Paris, 2 février.

Chateaubriand a donné aux passions une innocence qu'elles n'ont pas eu qu'elles n'ont qu'une fois. Dans *Atala*, les passions sont couvertes de longs voiles blancs, etc..

***

Chateaubriand produit avec le feu, il fond toutes ses pensées au feu du ciel, etc...

***

Paris, 2 février.

Joubert dit que pour que son esprit soit à l'aise, et pour qu'il ait du jet, il faut qu'il soit dans l'air tiède de l'indulgence.

F° 301 (V.).

***

Je disais à Joubert : Il n'y a point d'arc-en-ciel dans notre langue : — C'est juste, mais cependant le prisme se trouve dans le paradis de Delille.

***

Paris, 2 février.

Mme de Caud en se promenant avec Joubert dans une soirée

---

(1) Cette conversation de Chênedollé avec Joubert a été en partie reproduite par Sainte-Beuve. Elle est datée de 1807 par Chênedollé, non de 1802, comme l'indique le critique. « L'ouvrage de M. de Saint-Pierre ressemble à une statue de marbre blanc, celui de M. de Chateaubriand à une statue de bronze fondue par Lysippe. Le style du premier est plus poli ; celui du second plus coloré. Chateaubriand prend pour matière le ciel, la terre et les enfers : Saint-Pierre choisit une terre bien éclairée. Le style de l'un a l'air plus frais et plus jeune : celui de l'autre a l'air plus ancien : il a l'air d'être de tous les temps. Saint-Pierre semble choisir ce qu'il y a de plus pur et de plus riche dans la langue ; Chateaubriand prend partout, même dans les littératures vicieuses ; mais il opère une vraie transformation, et son style ressemble à ce fameux métal qui, dans l'incendie de Corinthe, s'était formé du mélange de tous les autres métaux. L'un a une vérité variée, l'autre a une riche variété.

« Il y a un reproche à faire à tous les deux : M. de Saint-Pierre a donné à la matière une beauté qui ne lui appartient pas ; Chateaubriand a donné aux passions une innocence qu'elles n'ont pas ou qu'elles n'ont qu'une fois. Dans Atala, les passions sont couvertes de longs voiles blancs.

« Saint-Pierre n'a qu'une ligne de beauté qui tourne et revient indéfiniment sur elle-même, et se perd dans les plus gracieux contours : Chateaubriand emploie toutes les lignes, même les défectueuses, dont il fait servir les brisures à la vérité des détails et à la pompe des ensembles.

« Chateaubriand produit avec le feu. Il fond toutes ses pensées au feu du ciel.

« Bernardin écrit au clair de lune, Chateaubriand au soleil ».

(*Chateaubriand et son Groupe*, t. I, p. 203-204.)

très sereine, lui dit : La couleur de l'Olympe devait ressembler à celle de ce ciel là : c'était là sans doute la couleur de l'Olympe (1).

***

Paris, 2 février.

Nous avons donné aux montagnes et aux grandes masses, une admiration qui n'appartient qu'à des grandeurs d'un autre ordre.

***

Joubert une tête haute et calme. Il a la hauteur et la sérénité de l'Olympe dans sa tête. (2).

Fo 302.

***

Paris, 2 février.

Il faut étudier *Racine* nuit et jour, il a connu tous les artifices du style et tous les mystères du talent.

***

Paris, 2 février.

Chénier (M.-J.) n'a point le *souffle divin*. Mais c'est son frère qui l'avait bien éminemment ; c'est celui-là qui était poète (3).

***

Chateaubriand

Paris, 2 février,

Chateaubriand peint les objets comme il les voit, et il les voit comme il les aime.

Fo 302 (V.).

***

Fontanes

Fontanes a un style *bronzé*, un style poli sans éclat. Il passe son style au brunissoir.

Fo 304.

---

(1) L'image avait frappé le poète. Le 10 septembre 1817, regardant un coucher de soleil à Burcy, il se rappelle le mot de Mᵐᵉ de Caud : « C'était une couleur si douce, si suave ! un mélange de lumière, de blancheur, d'opale et d'azur, tout cela fondu dans une teinte d'un charme inexprimable. Ce devait être là, comme le disait si bien Mᵐᵉ de Caud, la couleur de l'Olympe. »
(Sainte-Beuve : *Chateaubriand et son Groupe*, t. II, p. 250, en note).

(2) Sainte-Beuve, *id*, p. 280.

(3) Ce n'est pas que Chénier (M.-J.) manque de combinaisons tragiques. Il a une tête assez large. On peut lui trouver même de l'élégance et de l'harmonie ; ce qui lui manque, c'est le charme ; il n'a point le *souffle divin*. Mais c'est son frère qui l'avait bien éminemment ; c'est celui-là qui était poète.
(Sainte-Beuve : *Chateaubriand et son Groupe*, t. II, p. 281.)

(4) Fontanes a un style poli sans éclaf. Il caresse bien la phrase, mais elle ne laisse pas de sillon ; elle ne s'imprime pas.
(Sainte-Beuve : *id.*, p 280.)

***

Jugement de Fontanes par le GÉNIE de l'HOMME

Fontanes n'a pas été très satisfait de mon chant de l'*Astronomie*.
Il paraît qu'il le conçoit autrement.

***

Un autre serait riche des bribes de Chateaubriand.

F⁰ 304 (V.)·

***

La Retraite

Je crois que la retraite n'a de charme qu'en perspective, et comme
contraste avec notre inquiétude actuelle. Avec le complet elle est
beaucoup moins belle.

***

La passion peut exalter notre âme au point de nous faire croire
qu'elle a la puissance de nous rendre immortels.

***

L'amour est sans contredit ce qui donne le plus d'exaltation à
l'âme : c'est une seconde création.

***

Lorsque l'homme jure d'aimer toujours, il faut qu'il sente
confusément qu'il y a dans sa nature cette espèce de puissance
d'*éternité*.

***

On n'est pas heureux dans la plus extrême passion, car enfin
l'ivresse n'est pas continuelle. Il y a des lacunes, des troubles,
des appréhensions, des remords. On craint d'ailleurs de voir finir
ce sentiment qui exalte si fortement toutes les facultés et toutes
les puissances de l'âme. On tremble d'en voir la fin. On désirerait
mourir avant la fin de la passion. On croirait mourir heureux :
la passion cachant jusqu'à la pensée de la mort.

F⁰ 305 (V.).

***

Il y a dans les *Gaules* de Saint-Pierre (1) une simplicité *cherchée*.
On croit que c'est plus antique que Fénelon et ça l'est beaucoup
moins.

***

Les hommes *forts* sont *entraînés*, les hommes *faibles*, cèdent.

(1) Bernardin de Saint-Pierre.

**

***

Un premier amour extrêmement vif décolore tout le reste de la vie.

***

La passion a créé plus de beautés, que la beauté n'a créé de passions.

F⁰ 306.

La *Bruyère* est trop loué, et il ne l'est pas assez.
Tous les genres de beautés de style sont dans son livre.

***

Il nous a donné un coup de pied avec la main dont il écrit (*Rivarol*).

***

Je serai secret comme la tombe.

***

Le *bonheur* n'est pas dans les convulsions. Il y a trop d'âcreté dans l'amour pour qu'il nous rende heureux.

***

Je meurs de crainte, je meurs d'espoir, je meurs de tout (Chateaubriand). — Je ne suis plus auprès de vous parce que je vais à ma tête et non à mon cœur.

***

Elle n'a pas le sens commun, elle a une tête à la diable, mais elle est admirable. Elle a l'esprit d'une femme ; elle a uniquement de la grâce dans l'esprit (1).

F⁰ 306 (V.).

***

Le style de Montesquieu est plutôt une merveille qu'un modèle.

***

Télémaque est *l'odyssée* embellie.

***

Saint-Pierre et Chateaubriand

En un mot attribuons au style de M. de Saint-Pierre la transparence et le poli de l'albâtre et à celui de M. de Chateaubriand la beauté et la richesse de ce métal qui, dans l'incendie d'une ville fameuse s'était formé du mélange de tous les autres métaux, je veux dire de l'airain de Corinthe.

____

(1) Lucile de Chateaubriand.

* *
*

Chateaubriand jette dans ses fourneaux les produits des littératures les plus vicieuses et ils en sortent transformés en métaux précieux (1).

* *
*

Chateaubriand a une variété cachée. Saint-Pierre a une uniformité variée (2).

* *
*

Personne ne connaissait mieux que Rivarol l'art de fâire mousser une idée.

F° 307.

* *
*

Conversation de Chênedollé avec M. Molé sur les passions

6 février.

Dans le vrai nous sommes entourés de beaucoup de charmes sur la terre : les sciences, les lettres, les arts, la nature. Quelles sources de satisfaction si nous étions purs, si nous savions en jouir avec innocence ! Mais nous gâtons tout cela. — Hélas ! oui, ce sont les passions qui gâtent tout. Si nous pouvions réaliser la définition de M. du Bucq, si nous avions de l'*intérêt* pour toutes ces belles choses, et si nous restions dans le *calme*, tout serait bien. Mais un objet trop aimable n'a qu'à se montrer, adieu toute la philosophie ! et nous voilà rejetés dans l'orage. — Ne croyez-vous pas aussi que la retraite n'a tant de charmes qu'en perspective, et comme contraste avec notre inquiétude actuelle ? Avec le calme parfait, elle est beaucoup moins belle (3).

* *
*

Propos littéraires tenus rue Neuve-du-Luxembourg

Il y a dans Chénier (Marie-Joseph) un commencement d'élégance sur un fond d'insipidité.

Les Grecs disaient qu'il y avait un pays où il n'y avait pas de printemps, mais un air tiède; de même, dans Chénier, il n'y a pas de poésie, mais une apparence de poésie.

Chénier était né pour la satire et non pour la tragédie. Souvent il a glissé la satire jusque dans le drame : il a manqué sa vocation.

Ce n'est pas que Chénier manque de combinaisons tragiques. Il a une tête assez large, On peut lui trouver même de l'élégance et de l'harmonie; ce qui lui manque, c'est le charme; il n'a point le *souffle divin*, mais c'est son frère qui l'avait bien éminemment ; c'est celui-là qui était poète (3).

---

(1) Bribe de conversation avec Joubert.

(2) Sainte-Beuve, *id.*, p. 280.

(3) Ceci se disait en 1807. Ce petit monde d'élite avait été fort informé d'André Chénier par Mme de Beaumont, qui l'avait connu. Chênedollé le connaissait également par ce qu'il en avait appris à Hambourg. Pour eux tous, André était bien resté l'*aîné* de Marie-Joseph. (Note de Sainte-Beuve, p. 281.)

Chénier a sûrement du talent, mais c'est un talent fait, un talent artificiel. Il a fait son esprit avec celui des autres.

Les écrivains du xviiie siècle, se sont fait leur originalité : leur esprit est fait, il est artificiel, il est de pièces et de morceaux. Mettons vite Voltaire à part. Exceptons aussi Montesquieu, qui s'est bien fait son talent, mais avec ce qui était à lui. Il en est de même de Buffon ; mais n'exceptons ni Rousseau ni les autres.

Quant aux écrivains du siècle de Louis XIV, ils ont une originalité en quelque sorte obligée, une physionomie *native*. On sent qu'ils ne pouvaient pas écrire autrement.

Le style de Montesquieu est plutôt une merveille qu'un modèle...

La Bruyère est beaucoup loué, il ne l'est pas assez. Il y a de plus grands styles que le sien, il n'en est point de plus parfait ; tous les genres de beautés de style sont dans son livre.

La Rochefoucauld a connu à la fois le style coupé et le style périodique, et dans ses *Mémoires* il s'est approché de très près des formes des plus grands modèles. Il y a des endroits qui ne seraient au-dessous ni de Pascal ni de Bossuet. On y trouve une beauté simple d'expression, une extrême vigueur de pensée, et souvent une manière de relever la phrase qui est tout à fait dans le goût des grands maîtres...

Il ne faut pas que les objets que l'on peint soient d'une vérité matérielle ; il faut que les chairs ne soient pas les chairs de la nature; en un mot, il faut rendre les vérités par des illusions.

Dans la critique, on peut mêler les images et les formes de l'éloquence à la discussion : Diderot l'a fait avec succès. Fontanes, suivant Joubert, est souvent pris aux fausses beautés, mais il sent vivement le vrai beau. Il a aussi cherché à donner une forme animée et des parures à la critique.

Il y a de l'incomplet dans le talent comme dans la pensée de La Harpe. Dans les dernières années de sa vie, l'indignation lui a donné du talent (1).

**

Il y a plus encore de *folies de style* que de *folies d'idées* dans les ouvrages de Diderot.

Tout le siècle de Louis XV est là-dedans : un sérieux qui n'a pu être effacé par ce frivole...

Le poème descriptif n'est qu'une fantaisie poétique : on peut se le permettre, mais il faut qu'elle soit courte...

Voltaire fait de la poésie à la bougie, mais Virgile en fait aux rayons du soleil (2).

Voltaire a fait des vers très pompeux, très éclatants, mais il n'y a pas de style en vers ; il ne connaît pas le *tissu* du style poétique. Il a des vers, et point de style.

Saint-Lambert n'a pas le *velours* de la mélancolie, il n'a que de

---

(1) C'est sans doute pour exprimer ce mouvement d'ardeur sénile et ce feu supérieur en lui à la force réelle de son talent, qu'on rappelait en plaisantant le mot de Diderot : « La Harpe est une rosse qui a de beaux crins. »

(Note de Sainte-Beuve.)

(2) *L'esprit de Rivarol*, par Fayolle et Chênedollé, p. 124.

la tristesse. Virgile a des vers *rêvés*. Il n'y a que les vers rêvés qui plaisent.

En poésie, toute rêverie doit être courte. Fontanes dit que Le Brun est un poète de mots. — Et ce n'est pas peu, répond Joubert.

Esménard — un ébéniste en vers.

Legouvé — un émailleur.

Les vers de Baour sont gros et gras ; mais ils sont sans muscles et surtout sans nerfs. Ce sont les *Amantini* de la poésie (1) — Si on lui mettait du coton dans les oreilles, il ne ferait plus de vers. C'est l'Eunuque du Parnasse.

Le talent de Boisjolin n'était qu'une tulipe inodore ; elle a été noircie dans l'espace d'un jour par les feux du soleil (2).

Fo 327.

*
* *

Joubert dit que le style de Rousseau fait sur l'âme l'effet que nous éprouvons en touchant le sein d'une belle femme. Il y a du sp... (3).

Fo (262ᵇ.)

*
* *

Esménard

Esménard est brillant, fort et sec. Il a de la vigueur mais jamais de naturel ni de grâce. Il n'y a rien de rêveur dans son talent. Ce sont des vers faits au milieu des affaires.

*
* *

Fontanes

Je peins avec vérité et force, mais Fontanes vole, et c'est le vol qui constitue le poète. Il a bien plus le vol du poète que moi. Il pétrit mieux sa matière poétique.

En supposant qu'il eût profité de ma pensée, il a bien fait. En

---

(1) « Ce n'est pas mon avis que je donne sur ces différents poètes, mais celui du petit groupe littéraire que j'écoute et dont je me fais l'écho. Pour Baour-Lormian que j'ai personnellement connu, il était bien tel qu'on le dit ici : un eunuque de la poésie ; de beaux sons, de l'harmonie, mais un vide complet. Avec cela, une vanité égale pour le moins à celle de Lemierre. Vers la fin de sa vie, il avait traduit le livre de *Job* en vers ; je faisais alors mes *Causeries du Lundi* dans le *Constitutionnel* ; il m'envoya son livre, en me priant d'en parler. J'éludai poliment. Là-dessus, piqué, il m'écrivit qu'il avait bien entendu, en manifestant ce désir, me faire un honneur. Il parut croire que j'avais craint de déplaire à *tout un parti* en disant du bien de lui. Je ne pus m'empêcher de lui répondre (car moi aussi, je suis un peu *genus irritabile*), que c'étaient là des gasconnades qui étaient déjà usées il y a quarante ans : « Non, monsieur ; entendons-nous bien, je n'ai jamais craint, en parlant de vous, de déplaire à d'autres qu'à vous-même, etc. » — Baour, dans sa jeunesse, s'escrimant contre Le Brun, au jeu de l'épigramme, avait eu un jour de l'esprit, mais en général il en manquait. »

(Note de Sainte-Beuve.)

(2) Sainte-Beuve : *Chateaubriand et son Groupe*, t. II, p. 281 à 285.

(3) « Joubert dit que le style de Rousseau fait sur l'âme l'impression que ferait la chair d'une belle femme en nous touchant. Il y a de la femme dans son style. »

(Sainte-Beuve, *id.*, t. II, p. 283.)

(4) Esménard, auteur d'un *Poème sur la navigation* (1769-1811).

poésie l'idée appartient finalement à celui qui l'exprime le mieux. C'est l'expression qui fait tout.

F° 346 (V.).

****

La Pudeur

C'est un tact mystérieux mis en avant et hors de nous.

****

Elle nous place dans les fils d'une toile immatérielle.

****

Elle interpose une gaze merveilleuse entre nos yeux et notre âme, elle nous place dans un doux sommeil et dans un doux jour.

****

La pudeur est pour l'âme ce que le ciel est pour la terre.

****

La pudeur sait envelopper l'âme comme le ciel enveloppe la terre (1).

F° 342 (V.).

****

Joubert

Joubert en métaphysique fait des entrechats sur la pointe d'une aiguille (2).

F° 375 (V.).

****

Fontanes

Fontanes a trempé ses pinceaux dans les couleurs de l'arc-en-ciel.

F° 380 (v.)

****

Joubert

Joubert a le besoin et le tourment de la perfection, mais ses idées sont tellement mises dans le ciel qu'il n'y a pas de langage humain qui les rende (3).

F° 381.

****

Saint-Pierre et Chateaubriand

Saint-Pierre ne demande qu'un ciel pur et une terre bien éclairée. Chateaub... veut à la fois le ciel, la terre et les enfers.

---

(1) Bribe de conversation avec Joubert.
(2) Sainte-Beuve : *Chateaubriand et son Groupe*, t. II, p. 280.
(3) Sainte-Beuve : *id.*, t. II, p. 280.

Paul et Virginie est une statue de marbre blanc, *Atala* est une statue de bronze. C'est un ouvrage de Lysippe.

* * *

Chat... a su transporter dans son style jusqu'au fer des littératures du Nord (1).

* * *

Saint-Pierre n'a qu'une ligne de beauté qui tourne et revient indéfiniment sur elle-même et se perd dans les plus gracieux contours.

Chat... emploie toutes les lignes, même les défectueuses dont il fait servir les brisures à la vérité des détails et à la pompe des ensembles (2).

F^o 397 (V.).

* * *

8 février.

Rivarol était plutôt voluptueux qu'ambitieux en littérature. Il avait éminemment de l'*urbanité*, et ses défauts même en étaient une partie.

F^o 307.

* * *

Dieu est le livre des esprits et l'âme est le livre des pensées : toutes les pensées se retirent dans Dieu qui, en ce sens, est la mémoire universelle. C'est là où nous devons les retrouver toutes.

F^o 309.

* * *

Rivarol

Rivarol caractérisait mieux les hommes que les choses.

> « Poète conquérant, sage voluptueux,
> « Ce roi qui sut instruire et ravager la terre
> « Se dégoûta des vers, des rois et de la guerre
> « Méprisa ses sujets et les rendit heureux. »

* * *

La Conversation

La conversation n'est point un assaut, c'est une promenade qui se fait à droite et à gauche, en long et en large et même en serpentant.

* * *

Toutes les plaisanteries de Rivarol étaient littéraires (3).

F^o 309 (V,).

---

(1) **Bribe de conversation avec Joubert. Sainte-Beuve,** *id.*, t. I, p. 203-204.
(2) **Sainte-Beuve :** *Chateaubriand et son Groupe*, t. I, p. 203-204.
(3) **Sainte-Beuve .** *d^o*, t. II, p. 174 (en note).

***

Il faut de l'élégance dans la bonté.

***

Mon sujet est bien en comparaison de celui d'Esménard.

***

Un homme qui corrigeait Rivarol. Il ressemble à un homme qui promène un éteignoir sur des lumières.

***

Jugement de Fontanes sur Horace

Fontanes trouve qu'Horace n'a pas mis de création dans ses Odes. Il faut en excepter *Justum et tenacem*, etc., *pastor cum traheret.* Ce jugement est trop sévère.

***

Racine a la monotonie de la perfection.

F⁰ 310.

***

Il est très difficile de raisonner en vers. Dans le poème didactique, il faut tour à tour raisonner et peindre.

Les tours de force sont beaucoup moins éclatants dans le chant de la *politique* que dans celui de l'*astronomie* (1). Ce qui prouve qu'il est plus difficile de raisonner en vers que d'exposer les découvertes des sciences, et que la politique est ce qu'il y a de plus intraitable en poésie.

***

Anecdote

Une femme de campagne (la sœur de l'abbé Galland) (2), disait : « Je ne jouis pas assez de la vie pour la mépriser ou m'en dégoûter. » Cela est admirable et profond. En effet, il n'y a que ceux qui ont trop joui de la vie qui s'en dégoûtent.

F⁰ 310 (V.).

***

Voltaire disait que la *Lettre sur le suicide* de Jean-Jacques donnait appétit de mourir.

***

André Chénier était athée avec délices (3).

---

(1) Le 1ᵉʳ et le 4ᵉ chants du *Génie de l'Homme.*
(2) Curé aux environs de Vire.
(3) Sainte-Beuve, *op. cit.* t. II, p. 182.

* * *

En général, je jouais un jeu de dupe avec elle. J'étais fou d'amour, et elle était de sang-froid. Toutes les extravagances devaient être de mon côté. Cependant, depuis le mois de mars jusqu'à son départ, je crois qu'elle m'a aimé réellement (1).

Fo 312.

* * *

Religion

Il y a oubli de Dieu et oppression de l'homme partout où il n'y a pas adoration et culte de l'homme-Dieu.

* * *

La parole est l'expression de la pensée et il faut bien qu'elle se manifeste par quelque chose. Dieu lui-même a bien été obligé de se manifester par la création et par la religion. L'univers n'est que la grande action de Dieu, manifestée sous des formes visibles. C'est ce qu'avaient senti les Hébreux. Ils regardaient l'univers comme la grande action de Dieu et les phénomènes de la nature n'étaient que les formes de cette action : Le ciel était son pavillon, la terre son marchepied, les nuées ses vêtements, et les vents ses coursiers. Par là, tout était grand.

Fo 312 (V.).

* * *

Les anciens (Homère) ont souvent porté le familier dans le noble, et les modernes ont souvent porté le noble dans le familier, témoin La Fontaine.

Fo 313.

* * *

Joubert me disait : « Ce qui vous caractérise surtout, c'est l'*haleine*. Il y a dans votre ouvrage une circulation qui anime tout. On voit la vie et le sang partout. Il y a de l'harmonie de pensée et de l'harmonie pour l'oreille (2). »

Le suffrage le plus flatteur que j'aie reçu est celui de M. de Langeac. Il me parla de mon ouvrage avec un enthousiasme qui me fut bien flatteur ; il aimait beaucoup ma division : « L'homme leva d'abord ses regards sur le ciel et il les laissa ensuite tomber sur lui-même et enfin il chercha quelles sont les lois sous lesquelles il vit. »

Le chant des *Montagnes* est celui qu'il aimait le mieux. Il me dit sur cela des choses trop flatteuses pour que je puisse les répéter : il me mettait presqu'au-dessus de D... et de F... (3).

Fo 256.

---

(1) Celle dont il est ici question pourrait bien être Lucile de Chateaubriand.

(2) Sainte-Beuve : *Chateaubriand et son Groupe*, t. II, p. 296.

(3) Delille et Fontanes.

* * *

Langeac à Joubert : Esmenard ! il (1) le joue sous jambes (2).

* * *

Dans ce morceau (dans le Chant des *Montagnes*), on a imité jusqu'aux particularités les plus intimes du style de Château-briand.

F⁰ 256.

* * *

L'article de Féletz (3) est détestable pour les provinces ; il arrête net la pente.

* * *

Il y a plutôt absence de beautés que présence de défauts.

F⁰ 256 (V.).

* * *

Il faut toujours rester modeste et défiant de soi-même, même après un succès.

F⁰ 256.

* * *

(1) Chênedollé.
(2) Sainte-Beuve : *Chateaubriand et son Groupe*, t. II, p. 300.
(3) Article de Féletz : *Débats*, 20 mai 1807. (Voir les *Mélanges*. Art. Féletz, t. II, p. 498.

1808

Ces nuages ressemblaient à une moitié des Alpes suspendue dans les airs.

F° 327.

* * *

Abbé Delille

C'est le *28 janvier 1808* que j'ai vu l'abbé Delille pour la première fois (1).

* * *

Il a été assez content de l'épisode de Léon. Il y a de la sensibilité, de la grâce, et un charme mélancolique.

* * *

L'abbé Delille disait de Rivarol que c'était le plus aimable vaurien qu'il ait jamais connu.

* * *

Delille est une coquette très aimable. Il est laid, mais d'une laideur aimable. C'était la coqueluche des femmes.

F° 327 (V.).

* * *

Rivarol

Rivarol est l'homme qui m'ait le mieux fait goûter les délices de l'esprit.

* * *

Physiologie et Métaphysique

La physiologie est le lit de la métaphysique. Il ne faut pas être éponge, il faut être récipient.

F° 327.

* * *

Kant et Gall

Kant est parti d'une base métaphysique. Gall part d'une base matérielle et organique. Kant fait tout avec l'espace et le temps, Gall fait tout avec de la matière et une suite d'habitudes. De ces deux méthodes, l'une doit être la bonne, et l'autre la mauvaise...

(1) Chênedollé ne vit point Delille à Hambourg.

On pourrait dire que l'homme est considéré comme une colonne bâtie sur le penchant d'une montagne. Kant est parti du haut de la montagne, et Gall du fond du vallon, mais ils peuvent se rencontrer tous deux à la colonne.

Fo 329.

****

Dans les actions humaines, tout ce qui est sublime est bien près de la mort.

****

Presque toujours l'héroïsme est puni d'une mort prochaine : voyez Mme de Caux (*sic*).

****

C'est à Vienne et à Rome qu'il faut chercher les êtres très énergiques pour la pensée, parce que le génie étant en présence de la puissance ecclésiastique, se soulève de toute sa hauteur et devient tout ce qu'il peut être. Partout où l'on peut penser tout ce que l'on veut, il est rare qu'on pense très vivement.
Vienne est le pays de l'ignorance.

Fo 329 (V.).

****

Le Chat

Le chat ne nous caresse pas, il se caresse à nous. C'est de tous les animaux celui dont l'égoïsme est le plus complet (1).

****

Rivarol

On reprochait à Rivarol de piller Montesquieu et Condillac : Je me sers des modernes comme les orfèvres de leurs poids pour peser l'or.

****

Ossian

Quand j'eus entendu le chant du Ba.de, je dis à Font.(2) : Il n'y a qu'une belle rêverie à tirer d'Ossian, et la voilà. Il n'y a plus rien à faire après vos vers. Ce qui est *rêve* ne doit pas être prolongé. Mais aussi il faut convenir qu'une belle rêverie d'un quart d'heure, comme celle-là, est ravissante.

Fo 331.

****

___

(1) Pensée de Rivarol, Cf. *L'esprit de Rivarol*, t. I, p. 152.
(2) Fontanes.

Je veillais dans la nuit. Le sapin et le chêne
Dans le large foyer brûlaient en pétillant.
Les vents sifflaient au loin dans la forêt prochaine
Et le dogue hurlant
Poursuit au loin le spectre abaissé sur la plaine (1).

F° 331 (V.).

***

Dieu

Dieu est la plus haute expression de nos connaissances.

***

Poésie

Il y a dans toute poésie un côté musical qu'on pourrait noter indépendamment des paroles et peut-être ces partitions poétiques pourraient-elles fournir de nouveaux motifs à l'harmonie.

F° 332.

***

La Poésie

La poésie se compose de deux choses : la pensée et l'harmonie. L'harmonie poétique peut se noter comme l'harmonie musicale : ce qui fait que la musique des modernes n'exprime rien, c'est qu'elle n'est pas identifiée avec la poésie.

***

Il faut que ce soit la pensée qui donne la musique. Il faut extraire la musique de la pensée.

***

Ainsi pour ramener la poésie dans sa vraie route, il faut que le poète soit à la fois poète, musicien et philosophe. Il faut qu'il tienne la lyre d'une main et la plume de l'autre.

***

Poésie antique

Chênedollé remarque que les images des anciens restaient toujours dans le vague. « Nous sommes clairs, ils étaient colorés. »

***

Poésie

Tout est vie dans la poésie des Anciens, parce que le poète peint toujours les qualités distinctives des êtres. Le blond Ménélas, le héros brun.

F° 332 (V.).

(1) Les notes de Chênedollé contiennent un grand nombre d'essais et d'improvisations poétiques.

***

Pour donner de la pensée à la poésie, il faut étudier les qualités des êtres, leurs rapports entre eux. Voilà pour la poésie descriptive.

***

Il faut ensuite étudier les qualités qui distinguent l'homme et surtout celles qui l'ennoblissent.

Ainsi, dans Homère, la colère et l'amour d'Achille, qui sont des sentiments bas, sont anoblis par le sentiment qu'Achille a de sa puissance. Voilà la poésie épique.

***

L'Amour

Dans l'amour, il y a un côté qui nous est commun avec les animaux : c'est le besoin phisique (*sic*). Il y a un côté moral qui appartient tout entier à l'homme : l'exclusion, le désir de plaire à l'objet aimé, le désintéressement, le sacrifice de soi-même. Les passions basses s'ennoblissent par les passions généreuses qui s'y mêlent.

***

Virgile (1)

Virgile, dans les *Géorgiques*, peint toujours par les qualités et les habitudes des êtres qu'il met en scène :

Candida venit avis longis invisa colubris, etc.

F⁰ 333.

***

Choix de mots

Pour que la poésie s'empare avec succès d'un mot, il faut qu'il ait déjà acquis le droit de cité et qu'il soit devenu populaire. Mais elle le rejette quand il est tombé dans une trop grande vulgarité.

***

L'homme ne fait que puiser continuellement dans le sentiment pour jetter (*sic*) dans la règle.

F⁰ 383 (V.).

***

Le peuple

Le peuple est force. Le gouvernement est organe, et leur réunion constitue la puissance politique.

F⁰ 334 (V.).

---

(1) Chênedollé avait contracté à Juilly le culte de Virgile. La plupart des épigraphes des *Etudes poétiques* sont empruntées à ce poète.

***

Gall (1)

« Gall avance que c'est la pensée qui finit par donner la forme aux organes. Si cela était, la main aurait dû se perfectionner comme la pensée et nous ne voyons pas qu'elle soit plus parfaite comme forme chez Voltaire que chez un esquimaux (*sic*). »

***

Il en est de même des animaux. Si l'intelligence influait sur la forme extérieure, comment le castor aura.t-il une enveloppe si grossière et l'éléphant un extérieur si épais ?

***

Chateaubriand

Autrefois, les scènes de la nature me jetaient dans une ivresse amoureuse. J'aimais la nature comme une amante. Cette extase n'est plus aussi vive. Il y a des pages d'*Atala* et de *René* qui ont été écrites dans le délire d'une vraie passion pour la nature ; elles ont été écrites dans l'ivresse. J'étais ivre de la nature, et heureux du seul bonheur de la voir.

F° 335.

***

Sociologie

« La division du travail indique le perfectionnement de la société. »

***

Smith en indiquant cette division, a donné les moyens de perfectionner chaque branche d'un art. Ex. : vingt ouvriérs font une montre. Chacun fait toujours la même partie, d'où il résulte plus de perfectionnement, etc.

F° 335 (V.).

***

Les mots et la pensée

Pour que le mot soit poétique, il faut qu'il ne soit ni trop jeune, ni trop vieux, mais de la virilité.

***

L'idée de Coëssin (2) tend à faire rentrer la poésie dans sa véritable route, et à la replacer à la tête des *sciences* humaines. Il faut lui faire reprendre son rang avant les mathématiques.

(1) Gall (François-Joseph), médecin allemand, inventa la phrénologie (1758-1828).
(2) Coëssin (1779-1843), fondateur de la maison Grise à Paris.

* * *

La métaphysique

La métaphysique est le cerveau de toutes les sciences. La métaphysique et la littérature se tiennent ; elles forment les deux anneaux qui en se rejoignant complètent la chaîne.

F° 336.

* * *

Lemierre

Si Lemierre était peintre, il écorcherait les yeux. Manière spirituellement détournée pour dire qu'il écorche les oreilles. Art de bon goût (1).

* * *

Delille

Delille a l'air de tenir boutique de poésie. Voulez-vous un cheval, un coq, une autruche, un colibri, etc. (2).

* * *

Dampmartin

Dampmartin (3) était toujours fidèle en ses menaces :

et le prudent Baudus (4)
Mangeant à petit bruit ses chapons fort dodus.

F° 336 (V.).

* * *

Traduction

Frigus opacum (5) doit se traduire par fraîche épaisseur, ou l'*épaisse* fraîcheur.

* * *

Essai

à l'heure où le faucheur

Cherche l'abri des bois et leur épaisse fraîcheur.

* * *

Là, le bois vient m'offrir son épaisse fraîcheur.

(1) Lemierre Antoine-Marie, poète tragique né à Paris (1723-1793).

(2) Sainte-Beuve, t. II, p. 283.

(3) Dampmartin, A.-H., général, auteur de mémoires sur la Révolution et l'Empire. Hubert, 1825, 2 vol. .

(4) Baudus, rédacteur au *Spectateur du Nord*, journal français fondé à Hambourg pendant l'émigration. Chênedollé y collabora.

(5) Horace.

3

***

De ces bois de sapins que j'aime la noirceur,
Que j'erre avec plaisir sous leur fraîche épaisseur.

***

La poésie est un hyéroglyphe perpétuel !

Fo 338.

***

Vers

Le temps, ce Roi cruel, m'assignant mon tombeau
Entre le monde et moi va tirer le rideau.

***

La douleur m'avertit et la crainte fidelle (*sic*)
Est placée en avant comme une sentinelle.

***

... et peut-être tu dors
Près du même sillon qui te doit ses trésors.

Allusion au fermier Cotigny qui est enterré dans un cimetière entouré de tous côtés des champs qu'il a cultivés à Saint-Martindon (1).

Fo 338 (V.).

***

Le bon sens

Le bon sens passe pour vulgaire. Il est mal reçu quand les passions règnent.

***

Le bon sens fut obligé de défendre la monarchie contre les rois.

***

Il ne suffit pas de détruire, il faut construire l'opinion.

Fo 339.

***

Bocherini *(sic)* (2)

4 février.

Sa musique est enchanteresse. Je n'aime que ce qui est *rêvé* en musique, et voilà le caractère de la science. Il vous enlève

---

(1) Cette mort inspira au poète l'ode intitulée : *Le Tombeau du jeune laboureur.* Etudes poétiques, éd. 1820, livre I, Ode, xi p. 22.

(2) Compositeur italien, auteur de trios, de quintettes et d'un menuet célèbre (1743-1805).

dans une atmosphère de musique, il vous place dans un séjour mystérieux où il vous arrive des sons inconnus et magiques. On croit entendre les vers les plus mélodieux et respirer à la fois les parfums les plus exquis. Voilà la double sensation qu'il donne. Il vous entoure de vers et de parfums. Il y a à la fois dans sa musique le mélange des parfums et de la poésie. Les motifs ont quelque chose de rêvé et d'inattendu qui transporte l'âme dans un voyage enchanté. Il vous roule et vous berce délicieusement dans sa musique. Il est plus énivrant (*sic*) qu'Haydn. C'est le Racine de la musique.

*
* *

La musique

La musique attaque plus vivement les fibres que la poésie. Il y a plus de vague, quelque chose de plus indéfini, de plus aérien. Il y a du ciel dans cette musique-là ! Quels accents !

Fº 339 (V.).

*
* *

Conversation avec Delille

L'abbé Delille me disait : « J'aime l'antithèse, on me l'a reproché. » Il y a, lui dis-je, deux genres d'antithèses. L'antithèse des choses et c'est le rapprochement ; et l'antithèse des mots. Le rapprochement est dans les choses, l'antithèse dans les mots. Je lui citai par exemple :

Et son char triomphal marche entre deux tombeaux

Et lui me cita :

Et son casque tendu sollicite un denier.

*
* *

Nous parlions des alliances de mots. Je lui disais qu'on pouvait tout naturaliser en français...., pourvu qu'on préparât, et il me cita ce vers des *Jardins* (1) :

> Abattus au printemps lorsque *gros* de *feuillage*,
> Déjà leurs verts boutons...

Je lui disais qu'on pouvait imiter les grands maîtres en renversant leurs images..... en prenant le contrepied d'une idée, et là-dessus, je lui citai un vers de l'*Imagination* (2), dont le vers de Boileau a été visiblement le type :

> S'assied, croise les bras, baisse la tête et pleure.

Et il en convint de bonne grâce.

Fº 340.

---

(1) *Les Jardins*, poème publié par Delille en 1801.
(2) L'*Imagination*, poème publié par Delille en 1806.

**

Le morceau qui le passionne le plus dans les *Géorgiques*, c'est *félix qui potuit* et surtout ce retour si aimable *fortunatos et ille deos.*

**

Nous parlâmes des comparaisons qu'il aime beaucoup. Je lui parlai de la manière de les rajeunir par le retour du phisique (*sic*) au moral. Le passage a d'abord été du moral au phisique et c'est un artifice très ingénieux que de repasser du phisique au moral. A ce propos, il nous cita ses comparaisons de la cascade à la Bacchante.

**

Il est d'une conversation charmante. C'est une coquette bien aimable (1).

F⁰ 340 (V.).

La décence

La décence n'est pas l'hypocrisie. On peut commettre des fautes, mais il est odieux de s'en faire gloire. C'est le comble de la dépravation de se vanter des vices dont on devrait rougir...

...Il n'y a rien de si odieux que ce vice opulent et qui marche tête levée. Quand le vice devient malheureux, il peut se rapprocher de la vertu, mais jamais quand il prospère.

**

Les passions

Les passions sont des *femmes* qui nous bercent et nous endorment dans leurs caresses.

**

En retournant l'idée, on peut dire aussi que les femmes sont des passions.

**

Les femmes

C'était une belle allégorie chez les Grecs que d'avoir pris les Furies chez les femmes. Qu y a-t-il de pire, en effet, qu'une femme méchante !

Par la raison contraire, ils avaient pris les Grâces dans les femmes, parce que la grâce de la femme est divine.

F⁰ 341 (V.).

---

(1) Le mot est de Rivarol.

***

Réception de Champfort (1)

C'est un muguet enté sur des pavots (2).

***

Académie : c'est un récipient d'esprit si hermétiquement fermé qu'il ne s'en exhale pas une seule émanation.

F° 342.

***

La Peste

La peste, monstre impur, en un marais couché
Dont l'Afrique embrasa l'haleine meurtrière
S'éveille et secouant sa fange nourricière
Dans les airs infectés fait respirer la mort.

***

Les générations se hâtent de mourir.

F° 343 (V.).

***

.....Et cette chaîne immense
Que l'insecte finit, que l'éternel commence.

F° 344.

***

Abbé Delille

Je lui parlais de sa querelle et de son raccommodement avec Rivarol. Il me le raconta avec beaucoup de grâce. Il me dit qu'à l'époque de leur raccommodement à Hambourg, il lui dit ce vers :

Je t'aime, je l'avoue et je ne te crains pas...

Il dit qu'un Hambourgeois lui avait dit : C'est plutôt le contraire... (3)

F° 344 (V.).

***

La mélancolie est la convalescence de la douleur.

***

L'imagination est l'esprit du cœur.

---

(1) Chamfort N.-S., littérateur concis et spirituel. Né à Clermont-Ferrand en 1741, il se suicida en 1794.

(2) Le mot est de Rivarol. Cf. *L'esprit de Rivarol*, p. 166.

(3) Sainte-Beuve, *op. cit.*, t. II, p. 182 en note.

***

La mélancolie est une rêverie tendre et douloureuse.

F⁰ 348.

***

L'Abbé Delille

Il a poussé le mouvement jusqu'à l'agitation.

***

L'imagination de Delille, c'est un boisseau de diamans : c'est une rivière de diamans, c'est un boisseau de diamans, c'est un ruisseau d'insipidité (1).

F⁰ 348 (V.).

***

Société

Les caractères de nos sociétés très avancées ressemblent à ces vers qui, dans la tombe, naissent sur les joues et les seins, des bras d'une belle femme. Nous sommes tombés en corruption.

***

Benjamin Constant

Benjamin Constant ne cause pas, il fait l'*accompagnement* de la conversation (2).

***

Benjamin Constant, c'est de l'enthousiasme allemand enté sur une base de glace géométrique.

***

Benjamin Constant est la production d'un siècle philosophique et du dernier tiers de la civilisation. Il n'y a plus ni cœur, ni enthousiasme, ni amitié, ni dévouement : tout est glacé, tout est calculé, tout est cadavéreux (3).

F⁰ 349.

***

Benjamin ne voit dans les hommes que des nombres. Il n'y a dans son âme que de la glace, des lignes, et de la géométrie. Il n'a que du calcul, jamais il n'a eu un mouvement de bienveillance pour personne. Il est malade quand il a été forcé de serrer les mains à quelqu'un. Il a sur le front le signe de ses vices.

F⁰ 349 (V.).

---

(1) Cf. *L'esprit de Rivarol.*

(2) Sainte-Beuve, *op. cit.*, t. II, p. 192.

(3) *Ibid.*, p. 192.
Benjamin Constant né à Lausanne fut l'ami de M⁰ᵉ de Cherrière et de Mᵐ de Staël. Il a laissé des mémoires et un roman, *Adolphe* (1767-1830).Cf. G. Ruddler : *La Jeunesse de B. Constant* (A. Colin, 1908.

***

Benjamin Constant dit qu'il n'y a que deux livres qu'il ait lus avec plaisir depuis la Révolution : l'*Histoire de France* (de Machiavel), et le *Cardinal de Retz* (1).

***

L'âme sensible

L'âme sensible est comme l'insecte qui s'entoure d'une atmosphère de sensibilité ; elle frémit à la fois dans tous les fils de sa toile.

***

Les âmes tendres tournent tout contre elles-mêmes.

***

But du GÉNIE de l'HOMME

J'ai voulu dans mon poème embrasser le double univers : le monde matériel et le monde intellectuel. *Ciel et terre* comprend tout l'univers phisique (*sic*), homme et société tout l'univers moral. Il n'y a pas d'autre division.

Fo 350.

***

Épigramme de Rivarol

(Sur Thibault) (2). Il met des huissiers à la porte, mais ce n'est pas pour empêcher d'entrer, mais de sortir. C'est ravissant ! (3).

Fo 351.

***

Il (Thibault) connaît tout le prix d'une entrée et tout le danger d'une sortie.

Fo 351 (V.).

***

Rivarol

— Vous ne dites rien, Rivarol ? — Ces gens-là croient-ils que je vais m'extravaser pour eux.

***

L'abbé Giraud disait à tout propos : c'est stupide, il est stupide.

---

(1) Sainte-Beuve, t. II, p. 193.

(2) Célèbre déclamateur français au théâtre de Hambourg. Le 12 décembre au « Salon dramatique », il déclama l'*Ode à Klopstock*, comme lever de rideau avant l'*Iphigénie* de Racine. Cf. Wôchentliche gemeinnützige Nachrichten von und für Hamburg, 12 décembre 1795.

(3) *Esprit de Rivarol*, p. 152.

— Rivarol prétendait qu'il laissait tomber sa signature partout (1).

F° 352 (V.).

****

Il y a beaucoup d'hommes qui donnent le bras à une fille, mais personne ne veut lui donner la main.

****

Il tend jusqu'à la main dont le bras lui manque (2).

****

Rivarol avait une verve d'esprit et de plaisanterie admirable : Il avait le génie de l'esprit.

****

Il peignait Le Brun assis sur son séant dans son lit, entouré de Virgile, d'Horace, de Corneille, de Racine, de Rousseau et pêchant à la ligne un mot dans l'un et un mot dans l'autre pour composer ses mosaïques poétiques. C'est charmant. C'est si bien le talent de Le Brun (3).

F° 353.

****

Avec Fontanes, Bois de Vincennes

8 février.

L'abbé Delille taille bien les pierres, mais il ne sait pas élever un édifice. Il y a dans Delille tous les matériaux d'un poème épique. Il n'est question que d'élever la colonnade du Louvre. Il y a des choses bien brillantes dans Delille, des choses d'un grand éclat. C'est un singe très joli, très preste avec le gosier d'un rossignol.

****

Le poème descriptif n'est qu'une fantaisie poétique. On peut se la permettre, mais il faut qu'elle soit courte.

F° 357.

****

La Tresne

Il explique Virgile comme un bon professeur et l'entend comme un homme de goût.

F° 357 (V.).

(1) Sainte-Beuve : *Chateaubriand et son Groupe*, t. II pr. 182. (*Esprit de Rivarol*, p. 170.)

(2) Cf. *L'esprit de Rivarol*, p. 166, parlant d'un manchot qui venait solliciter une pension de l'Assemblée Constituante.

(3) Cf. *L'esprit de Rivarol*, p. 162.

(4) Le marquis de la Tresne, conseiller au Parlement de Toulouse, émigra avec Chênedollé à Hambourg. Il présenta le poète à Rivarol.

* * *

20 novembre au soir.

Il faut de la solitude au génie. Ce n'est que dans les promenades solitaires où l'on tombe tout à coup dans un attendrissement de cœur, où l'on sent un besoin délicieux de pleurer et où l'on est admis à des révélations ineffables. Ces momens sont courts, ce sont des illuminations de sentiment que l'on voudrait en vain reproduire lorsqu'on n'est plus en émotion et que l'on tenterait en vain d'imiter.

(Arch. du Coisel.)

* * *

21 novembre.

C'est dans ces retours douloureux sur elle-même, c'est lorsqu'elle sent un besoin immense d'aimer sans pouvoir le satisfaire, et sans pouvoir se faire aimer, que l'âme acquiert une sensibilité aussi délicate que douloureuse. Elle est toujours prête à rendre des sons plaintifs et à exhaler des soupirs. C'est alors que pareille à une lyre mélodieuse, dont les cordes sont mouillées de larmes, elle rend sur le mode de la douleur ces sons mélancoliques et touchans qui sont la plus douce portion du génie et par lesquels une âme se révèle toute entière à une autre âme.

(Arch. du Coisel.)

* * *

1809

Ch. (1) a plutôt les formes que le fond de l'éloquence : c'est une éloquence molle et gonflée, un style flasque à la fois et tendu. Il a une colère molle et un rire faux, et son indignation n'est ni de bonne foi ni de bon goût. Il y a de l'hypocrisie dans son style, on croit que cela est beau et cela ne l'est pas.

Ch. écrit peut être mieux en prose qu'en vers. Son vers est monotone la forme en est assez belle, mais il ne sait pas le varier, et il ne connaît pas l'artifice dans la période poétique. Fontanes lui est très supérieur.

F° 262⁴.

***

M. Gibbon (2) avait la plus étrange figure qu'on eût jamais vue. Ses pieds étaient tout ronds, ses jambes toutes rondes, ses cuisses toutes rondes, ses mains toutes rondes, son nez tout rond, ses joues toutes rondes, c'était une aggrégation de petites boucles.

Un jour dans une déclaration anonyme il tomba aux pieds de Mᵐᵉ de Montolieu. Il ne put jamais se relever. Mᵐᵉ de Montolieu (3) l'y laissa près d'une heure, puis elle sonna en disant : « Relevez Monsieur ».

***

Pareille chose étant arrivée à une autre femme elle sonna en disant : « Placez Monsieur sur la cheminée pour servir de pendant à ce magot de la Chine (4). »

***

Dufresne est un fripier d'insectes, Baudin était un flibustier d'histoire naturelle (5).

F° 262⁸.

---

(1) Marie-Joseph Chénier.

(2) Gibbon était célèbre à Lausanne pour son obésité. Il devint amoureux de Mᵐᵉ de Montolieu. L'anecdote relatée par Chênedollé se trouve dans les *Mémoires* de Mᵐᵉ de Genlis, t. IX, p. 301, dans l'histoire des *Salons de Paris*, par la *Duchesse d'Abrantès*, t. II p. 365 et 366. Le général Meredith Read dans ses *Historic Studies in Vaud*, Berne and Sevoy (2 vol. in-8°. London, Chatto, 1897), a rectifié l'aventure p. 350 et suivantes. D'après une lettre de Mᵐᵉ de Valence, fille de Mᵐᵉ de Genlis, à Mᵐᵉ de Montolieu, et un extrait du *Gentleman's Magazine*, l'héroïne de l'histoire n'est pas Mᵐᵉ de Montolieu, mais la belle Lady Elisabeth Foster.

(3) Isabelle de Bottens, baronne de Montolieu, veuve de M. de Crouzas, écrivit une quantité de romans dont *Caroline de Lichfield* (1781) et le *Robinson Suisse* (1813). Née à Lausanne en 1751, elle mourut à Bussigny en 1832. Elle connut Mᵐᵉ de Staël, H. de Lezai et hospitalisa Chênedollé pendant son séjour à Morges (canton de Vaud).

(4) Le fait est relaté dans les *Mémoires* de Mᵐᵉ de Genlis et attribué à Mᵐᵉ de Nantouillet et à l'abbé Chauvelin, t. IX, p. 302.

(5) Dufresne et Baudin, deux naturalistes contemporains de Chênedollé.

[*]

Relations avec Mme de Custine (1)

En amour, il y a toujours une dupe qui finit par être victime.

[*]

Copie d'une lettre de Mme de Custine à Chateaubriand

[*1804*].

J'ai reçu votre lettre. J'ai été pénétrée, je vous laisse à penser de quel sentiment. Elle était digne du public de Fervacques, et cependant je me suis gardée d'en donner lecture. J'ai dû être surprise qu'au milieu de votre nombreuse énumération il n'y ait pas eu le plus petit mot pour la grotte et pour le petit cabinet orné de deux myrtes superbes. Il me semble que cela ne devait pas s'oublier si vite. Je n'ai rien oublié, pas même que vous n'aimez pas les longues lettres.

Votre ami est encore ici, mais il part demain. J'en suis plus triste que je ne puis vous dire ; je ne verrai plus rien de ce que vous aurez aimé. Il y a des endroits dans votre lettre qui m'ont fait bien mal (2).

[*]

J'éprouvais un charme inexprimable à arrêter mes yeux sur les objets qui avaient longtemps fixé les siens.

[*]

On dit que le temps passe sans que nous l'éprouvions, cela n'est pas. Je sens bien la marche du temps. Je le vois passer auprès de moi.

[*]

Elle me disait : j'ai été tentée vingt fois de lui dire, revenez et je vous accorderai tout. Je le lui aurais dit avec l'intention de le faire, mais j'imagine qu'à la réflexion tout aurait changé.

Je n'ai pas été tout à lui, et je m'en repens. — Voilà un repentir bien placé (3).

J'ai été désespérée quand il a dit qu'il n'aimait pas les petites bouches : — croyez-vous que dans le petit cabinet il n'aimait pas celle-là. Ses baisers vous ont-ils indiqué qu'il la trouvât trop petite ? elle a souri d'une manière fine et charmante où l'on devinait tout le plaisir qu'elle avait éprouvé.

F° 262⁷.

---

(1) Delphine de Sabran, marquise de Custine, amie de Chateaubriand, reçut Chênedollé au château de Fervacques, près Lisieux. Elle lui confia ses amours malheureuses avec René. Cf. Bardoux : *Mme de Custine, d'après des documents inédits*, Calmann Lévy, 1888. — Chédieu de Robethon : *Chateaubriand et Mme de Custine*, Plon 1893. — Gaston Maugras et comte P. de Croze Lemercier : *Delphine de Sabran, marquise de Custine*, Plon, 1912.

(2) Sainte-Beuve : *Chateaubriand et son Groupe*, t. II, p. 322.

(3) Sur cet aveu de Mme de Custine à Chênedollé, Cf. L. de Lamare : *A l'Aube du Romantisme*, Essai biographique et littéraire, ch. ix.

* * *

Je n'ai pas eu les honneurs de la grotte et du petit cabinet
et je n'ai rien oublié.

Je m'estimerai toujours heureux d'avoir passé un instant dans
la vie à côté de vous. Il m'est toujours un souvenir bien doux
semblable à peu près à ces fleurs auprès desquelles on ne peut
passer sans emporter les plus doux parfums.

* * *

J'ai dû vous paraître bien bête, mais vous m'avez tellement
frapé (*sic*) que l'esprit a été terrassé.

Le triomphe le plus flatteur est plutôt d'anéantir l'esprit de
l'homme supérieur que de le faire briller. Quand l'esprit brille
il n'y a plus de sentiment bien vif et bien net.

* * *

Vous la reconnaitrez à l'air de famille, seulement vous y distin-
guerez une grande femme plus douce encore peut-être et plus parfaitement délicate.

* * *

Le soir de son départ elle m'écrivit au crayon sur un petit morceau de papier ces mots : «Quel bonheur ! pouvoir plaire ! » Cela
m'alla jusqu'au cœur.

* * *

Mme de Custine a redonné un nouvel intérêt à une vie que je
croyais condamnée à une tristesse sans appel et à des regrets sans
espoir.

* * *

Ecrivez-moi si le fantôme (1) ne fait pas trop de peur à la colombe
effarouchée.

* * *

Ce matin j'ai bu une infusion de genièvre. Cela avait l'odeur de
notre capris. J'ai cru boire les parfums de la mort, cela m'a ravi.
Le sommeil doit être si doux à Saint-Aubin (2). (Le cimetière).

F° 262⁷ (V.).

* * *

Voilà le cabinet où je le recevais — c'est ici qu'il a été à vos
genoux — c'était peut-être moi qui étais aux siens (3).

* * *

Notre ami a été très pitoyable pour moi, il a été parfait. Il

---

(1) Surnom donné par Mme de Custine à Chênedollé.

(2) Saint-Aubin, cimetière près de Fervacques où repose le corps de la marquise
de Custine.

(3) Sainte-Beuve, *op. cit.*, t. II, p. 326.

m'appelle la Dame sans espoir. Il dit que je vois tout en noir —
il va venir de l'orage — non, c'est une comète — c'est fort gai ! —
Vous auriez sûrement succombé — il faudrait être bien sensible —
c'est d'une grâce parfaite.

***

Un jour, en revenant d'une promenade en calèche, où il avait
été assez maussade pour elle, elle aperçut un fusil avec lequel
nous avions chassé le matin ; elle fut saisie d'un mouvement de
joie et de fureur, et fut près de s'envoyer la balle au travers du
cœur (1).

F⁰ 2627.

***

C'est à présent que je sens combien il serait doux de pouvoir
anéantir le temps et les espaces et malgré mes incrédulités je sens
qu'Agnès me serait nécessaire.

***

M. de Bouflers (2) est riche en illusions, et tout cela *pour rien*.
Sonnez, il n'y a personne au bout de la sonnette. — Cette plaisanterie m'a fait rire aux larmes.

***

Je ne suis bonne qu'à être Margot. Actuellement, je ne fais
plus le thé, c'était bon quand il (3) était là. Quel plaisir d'être sa
servante, de faire sa couche, de lui préparer à manger et d'habiter
une cabane avec lui.
« *Fortunatus et ille deos qui novit agrestes.* »
J'aime l'imagination lorsqu'elle nous fait entrer dans la route
des belles et des grandes choses mais j'abhorre celle qui nous
conduit dans la route des folies pernicieuses et quelquefois atroces.
Il a mis de la recherche pour lui plaire.

***

Mᵐᵉ de Custine : Chat... (4) ce nom est plus doux pour moi que
la musique la plus ravissante : Je lui disais : je vous ai regardé
deux heures pendant que vous jouiez de la guittare, sans pouvoir
me rassasier de votre figure. J'étais ivre de votre regard et de votre
sourire. Je croyais que cela n'était connu que de moi, et que
M. de Chateaubriand seul pouvait l'inspirer.

***

Je disais : il n'y a rien de la femme dans Mᵐᵉ L... (5). Mᵐᵉ de
Cust, répondit : elle est bien heureuse !

(1) Sainte-Beuve, *op. cit.*, t. II, p. 323, (en note).
(2) M. de Boufflers, beau-père de Mᵐᵉ de Custine, par son mariage avec Mᵐᵉ de
Sabran, mère de celle-ci.
(3) Chateaubriand.
(4) Chateaubriand.
(5) Amie de Mᵐᵉ de Custine.

* * *

Quand Mme Necker était sur le sentiment avec M. Thomas (1)
il n'y avait plus moyen de les suivre. Elle se perdait dans les nues,
on ne pouvait les suivre et l'on se rappelait alors l'estampe où l'on
ne voit que *les 4 petits pieds*.

* * *

Mme de Vintimille (2) a l'air d'un gros chat angora qui médite
un coup de griffe.

F° 262⁸.

* * *

J'ai passé cette journée, 11 juin, dans une mélancolie sombre
et farouche, poussée jusqu'au désespoir.
Tristis es ad mortem : Voilà le mot.

* * *

C'est avec des convulsions de larmes que j'ai passé quelques jours
de ma vie.

F° 262 (V.).

* * *

Coisel, 6 octobre.

Quelle riante matinée se prépare ! l'orient est couleur de topaze
et de pourpre mêlées et confondues. La lune décroissante fait
briller sur l'azur du ciel ses cornes d'argent légèrement émoussées.
De blanches vapeurs s'élèvent entre les arbres des vergers et
retracent à l'imagination les arbres d'une forêt où fument les
cabanes des bûcherons. L'or et la pourpre pâlissent par degrés
à mesure que le soleil approche de l'horizon. Les vapeurs se dis-
sipent et la lune s'efface et s'évanouit dans l'azur du ciel, qui blan-
chit et prend une teinte d'un vert insensible dans le point où le
soleil va se montrer. Il se montre enfin. D'abord ce n'est qu'un
point de flamme, bientôt c'est un cercle de feu, enfin c'est le
soleil tout entier dans sa magnificence. Il fait glisser ses traits au
travers de vapeurs empourprées de ses rayons et regarde à travers
les feuillages avec une majesté sans bornes.

F° 262 *ter*.

* * *

Je me rappelle encore l'impression que fit sur moi la première
lecture d'un morceau de l'*Emile* où Jean-Jacques peint la nécessité d'avoir déjà senti la nature pour en jouir ; toutes ses images
me parurent frappantes d'une vérité que je n'avais rencontré
nulle part, c'est la première fois que j'ai senti la manière dont on

---

(1) Thomas A.-L., (1732-1785). Littérateur et critique. Cf. Maurice Henriet :
Thomas et ses amis, dans le *Bulletin du Bibliophile*.

(2) Mme de Vintimille faisait partie du cercle de Mme de Beaumont. Amie de
Joubert, de G. de Mussy. Elle correspondit avec le poète Chênedollé, cf. *Mémoires du
Chancelier Pasquier*, 6 vol. (1789-1810). Plon 1893, t. I, p. 206.

devait rendre la nature. Ce n'était plus ces couleurs vagues que j'avais remarquées dans tous les autres poètes. Tout ici était vrai, original et *pittoresque*.

F° 262[10].

***

Coisel, 6 octobre.

Rousseau a commencé sa carrière littéraire par une réclamation et l'a finie par un scandale.

***

La réputation de Voltaire et celle de Rousseau n'ont été que deux sensations exagérées.

F° 262[10] (V.).

***

Pensé jeudi 5 en revenant de Vire, écrit le 8 octobre.

Les enfants sont de beaux fruits dont nous goûtons rarement la saveur. Notre œil les voit naître avec orgueil et avec ravissement — mais quelque chose nous dérobe presque toujours le charme de leur maturité. Ils nous échappent ou nous à eux.

F° 262[4].

***

[Opinions de Chênedollé sur l'Assemblée Nationale

Cette assemblée ne fut pas sans majesté. Elle fit prévaloir quelques idées saines de raison et de politique.

La Convention de *longue et sanglante* mémoire unit au délire de la cruauté quelques idées très vigoureuses et des vues politiques d'une hauteur extraordinaire. Elle fit des révolutions comme Shakespeare faisait des tragédies : affreuses, triviales et quelquefois sublimes.

Elle eut des à-propos de crime et de raison qui étonnent et font frémir de frayeur et d'admiration : on s'étonne qu'elle ait pu régner si longtemps avec la guillotine et cette effroyable orgie, ce long triomphe du crime aussi injurieux à la morale qu'à la politique semble une objection contre la Providence.

F° 262[5].

***

A mesure que l'homme vieillit, ses passions s'effacent ; il n'y a que les plus fortes qui survivent. Ainsi, dans les plantes, après plusieurs générations, les nuances légères s'effacent, pour ne laisser dominer que les plus fortes teintes.

***

Il y a dans votre ouvrage de l'éclat sans richesse et du faste sans magnificence (A. Rivarol, pour son *Discours de l'Universalité*).

F° 262[10].

***

1810

J'aime à entendre le sifflement lugubre des vents dans les vieilles branches des sapins (1). J'aime à entendre le murmure du vent dans la bruyère ou l'herbe flétrie. Cela me rappelle les scènes du Nord.

*
* *

4 septembre 1810.

Je ne puis voir la lune se renouveler sans un charme de mélancolie inexprimable. Cela me rappelle que c'est à la clarté de cet astre que j'ai tant rêvé et que je me suis entretenu si souvent avec mes regrets et mes douleurs solitaires.

*
* *

5 au soir, à Rouen.

Combien j'aime à entendre le vent frémir autour de ces douces et vieilles tours (2). Il y a du charme et de l'inspiration dans les murmures qu'on entend autour de ces dômes.

(Arch. du Coisel.)

*
* *

(1) Il y a une couleur ossianique dans ces lignes.

(2) Allusion aux églises de Rouen où Chênedollé fut professeur de littérature de 1810 à 1813.

1811

Dussault (1)

Paris, février, mars et avril.

Dussaulx (*sic*) est malade du coup d'épée qu'il n'a pas reçu. Il y a dans sa lettre une érudition en matière de poltronnerie qui est très recherchée.

Vous souvenez-vous de mes vers! Vous voudriez bien les oublier (vous voudriez bien que je les eusse oubliés). — Je vais vous lire mes vers. — Ah ! vous avez de la vengeance.

Fº 343.

***

Fontanes. — Jugement

Fontanes me dit des vers de la *Mémoire* : « Ce sont des vers excellents, tout cela est neuf, tout cela est à vous, c'est excellent, on ne fait pas mieux que cela (2). »

Fº 344.

***

Castel (3)

Castel me disait : Ce qui caractérise Fontanes, c'est la grandeur, la noblesse et une extrême élégance. Ce qui vous caractérise, c'est la hauteur des idées et la magnificence des expressions, et il ajoutait la verve. En quoi il a tort. Ce qui le caractérise, lui, c'est le goût le plus pur de l'Antiquité, une pureté exquise, et une élégance simple et facile et beaucoup de grâce. Il manque un peu de force et de verve.

Fº 346 (V.).

***

Millevoye (4)

Millevoie a l'harmonie élégante, j'ignore s'il a l'harmonie profonde.

---

(1) Dussault inséra dans le *Journal de l'Empire* (25 novembre 1807) un article sur le *Génie de l'homme.* Cf. *Annales littéraires*, t. II, p. 389.

(2) Sainte-Beuve, *dº*, t. II, p. 296.

(3) Castel René-Richard, poète et naturaliste virois (1758-1832), connu par son *noème des plantes*, Cf. Armand Gasté, *René-Richard Castel*, procureur syndic du Vire (1790-1791).

(4) Millevoye, Charles-Hubert (1782-1816),né à Abbeville, auteur d'élégies dont la plus connue est la *Chute des feuilles.* Cf. Pierre Ladoué : *La Vie et l'Œuvre de Millevoye, Essai d'histoire littéraire*, 1910.

4

***

Il a l'imagination qui invente et l'imagination qui peint. L'imagination dans l'expression.

F° 348 (V.).

***

Epopée et tragédie

Le poème épique n'a d'autre but que l'univers. Mais dans l'épopée, un héros peut avoir un but particulier.

***

Dans la tragédie, le mouvement se fait de la circonférence au centre. Il n'en est pas de même de l'épopée.

F°. 349.

***

La physionomie

La physionomie est une espèce d'atmosphère qui nous entoure et qui nous caresse ou nous blesse comme l'atmosphère extérieure.

***

M. Suard (1)

Capable de tout pour de l'argent, même d'une bonne action.

***

On ne voit plus errer autour de M. Suard que les mânes de son esprit.

F° 350.

La vertu est la philosophie debout.
La philosophie est la vertu assise.

F° 350 (V.).

***

L'abbé Millot (2)

L'abbé Millot fait des commissions dans l'histoire : — Rendez-moi César. — César ne se rend jamais.

F° 350.

***

J.-J. Rousseau

Rousseau n'a bien écrit qu'à quarante ans. Oui, mais jusque-là, il avait gardé le silence.

F° 350 (V.).

(1) Suard J.-B., littérateur critique né à Besançon (1733-1817).
(2) L'abbé Millot, historien, né à Ornans (1726-1786). (*L'esprit de Rivarol*, p. 147.)

***

L'abbé Giraud (1) trouve sa comédie gaie ; je le crois pardieu bien, c'est l'homme le plus triste de son siècle.

***

Il ne se doute pas de toute sa puissance ! (sur un ennuyeux).

Fo 351 (V.).

***

Le Brun (2)

Le Brun employait beaucoup le mot vil, il laissait tomber sa signature partout.

Fo 352.

***

Rivarol

Chén... (3). Il y a dans ses vers toute l'harmonie du tocsin.

***

Sur un ignorant qui avait une belle bibliothèque : Actuellement, vous voilà sans emploi.

Fo 353 (V.).

***

Delille, Lebrun, Chénier

Ce qui caractérise l'abbé Delille, c'est la *mobilité* du style bien plus que le grandiose.

Ce qui caractérise Le Brun, c'est la hardiesse de l'expression ; mais il manque d'haleine, il est vite essoufflé.

Chêned... (4) a de l'haleine ; [il a plus de grandiose que Delille.] *Ducis est peut-être le plus grand poète des trois,* il fait ses vers avec le cœur.

***

Larmes de mon enfant coulez sur ma blessure,
Et les bourreaux sont prêts quand le soupçon commence

Voilà de beaux vers.

Fo 354.

(1) L'abbé Giraud. Cf. Sainte-Beuve, *op. cit.*, t. II, p. 182. (*L'esprit de Rivarol,* p. 182.)

(2) Lebrun, Denis (1729-1807), poète lyrique de l'école de Delille. Il s'était surnommé Lebrun-Pindare.

(3) Marie-Joseph Chénier.

(4) Chênedollé, Sainte-Beuve, t. II, p. 185.

_

Baour-Lormian (1)

L'Eunuque du Parnasse. Il rat... à la fois et sa muse et sa femme.

_

Dammartin (2)

Dammartin (*sic*) le capucin de la littérature.

_

Millev... (3), c'est la belette de la littérature.

_

Dammartin : cannulle (*sic*) littéraire.

F⁰ 354 (V.).

_

Dante

C'est surtout dans sa traduction du Dante que Rivarol montre tout ce que peut la patience et la flexibilité du talent. Il n'y a point d'artifice de style dont le traducteur ne se soit avisé pour varier ses formes. La prose française, si je l'ose dire, y est prise par tous les bouts...

F⁰ 355.

_

Le Brun

Il (Fontanes) faisait grand cas de ces deux vers-ci de Le Brun :

> Je règne ; ainsi parlait du faite de son herbe
> Plein de fange et d'orgueil un insecte superbe.

Voilà qui est neuf, hardi, et qui vous appartient.

F⁰ 357.

_

Voltaire

(Fontanes). Il aimait ces deux vers sur Voltaire :

> De rois en rois son orgueil a rampé.

Mais il disait qu'on ne

> ... trempait pas un joug de pleurs.

---

(1) Baour-Lormian, Pierre, (1770-1854), né à Toulouse, poète traducteur des poèmes d'Ossian.

(2) Dampmartin (*sic*) a laissé des ouvrages de critique. Pendant l'Emigration il a fait paraître dans le *Journal de la littérature française*, à Berlin, un article sur l'*Ode à Klopstock* de Chênedollé (1796).

(3) Millevoye.

***

Garat (1)

Vers :

Enfin, il guide au port une orageuse vie.

Fontanes ne trouvait pas de hardiesse dans ce vers ; il le changeait ainsi :

Le grand homme opprimé d'une main courageuse
Enfin ramène au port sa fortune orageuse.

F° 357 (V.).

***

Delille

Quelquefois du Pope, quelquefois du Cotin et souvent du Boileau.

***

Saint-Lambert (2)

Saint-Lambert n'a pas le velours de la mélancolie ; il n'a que de la tristesse. Virgile a des vers rêvés. Il n'y a que les vers *rêvés* qui plaisent.

F° 359.

***

Fontanes et Delille

On est au moins l'égal des maîtres que l'on sert.

***

Aux pieds de la faveur s'agenouillait l'orgueil.

***

Vers de Fontanes que Delille a mis dans l'*Imagination*. Il fut fait chez Barthe où l'on parlait d'alliances de mots, d'accouplements heureux. Delille fut le seul qui ne dit rien et il les prit. Il faudrait entourer ça, disait-il.

***

Les Rois

Les rois étaient de simples gentilshommes à Vincennes, de grands seigneurs à Saint-Germain et des rois à Versailles.

F° 359 (V.).

---

(1) Garat, Joseph, philosophe et homme politique (1749-1833). Il a publié des *Mémoires sur M. Suard.*

(2) Saint-Lambert Jean-François, le poète, auteur des *Saisons* (1716-1803).

***

XVIIᵉ siècle

Lorsque vous voyez le dôme (1) s'arrondir et s'enfler dans les vapeurs du soir, ne vous semble-t-il pas entendre une voix qui vous crie du haut de son pinacle : Je suis le grand siècle !

***

La Henriade (2)

Je trouve une chapelle où j'attendais un temple.

Fo 360 (V.)

***

La Danse

La danse est une sculpture animée et mouvante. Elle met en mouvement et donne la vie aux attitudes magiques que la sculpture a inventées. Elle ranime tous les dieux de l'Olympe qui n'étaient que de beaux morts dans leurs statues.

***

Saint-Denis

C'est là que la mort convoquait tous les grands vassaux de la couronne, et qu'à son banquet funèbre, elle leur faisait boire à tous dans sa coupe l'oubli des haines et de l'ambition.

***

Il faut déposer le casque et la couronne pour entrer par la porte abaissée du tombeau.

Fo 361.

***

La bêtise

Le ton ironique de la bêtise, est ce qu'il y a de plus insupportable au monde.

Fo 361 (V.).

***

Corinthe qui s'assied sur les flots des deux mers.

***

Des pavots chargés de vapeurs léthargiques,
Des mots mystérieux, des paroles magiques,
Parviennent sous la tombe à l'oreille des morts.

Fo 362.

(1) Le dôme du Louvre.
(2) Poème épique de Voltaire (1728).

* * *

La lune dans le ciel qui commence à blanchir
Se lève et fait glisser sur ta superficie, *etc.* (1).

Fº 362 (V.),

* * *

Il y a dans ces vers une fine et mince harmonie qui peint la légèreté des rayons de la lune qui glissent sur la *surface* du lac. Ici, superficie est beaucoup mieux que surface, le mot est plus léger. L'harmonie glisse sur les mots comme les rayons sur l'onde. Tous les mots s'enchaînent et naissent bien les uns des autres. Ils se font mutuellement clarté.

Fº 362 (V.).

* * *

Fontanes (2)

Fontanes a une présence d'esprit poétique admirable. Il est excellent pour inspirer. Comme il est fécondant ! Avec quelle sagacité il démêle l'endroit faible. Avec quel bonheur et quelle promptitude il substitue. Il fait les coupures nécessaires et vous refait dix vers, et tout cela dans un instant. C'est la meilleure conversation littéraire qu'il y ait en France. Celle de Rivarol était plus piquante, mais moins solide et moins vraie.

* * *

Versailles

C'est là qu'on entrevoit un perpétuel mensonge du *visage* et du cœur.

* * *   Fº 363.

La musique

Les femmes aiment la musique parce qu'elle parle aux sens.

* * *

Lacretelle

Si Boileau avait vécu dans notre siècle, disait Lacret... (3), il aurait bien de la philosophie. — Fontanes pouffait de rire et disait : « Mais il n'est pas mal comme il est. » Quelle niaiserie, c'est le béat de la philosophie, mais c'est un honnête homme.

* * *

L'expression

C'est dans l'expression que se fait la véritable génération de,

---

(1) *Génie de l'homme*, chant II, les *Montagnes*, p. 43. Œuvres compl. éd. Didot, 1864
(2) Fontanes (Louis de), 1757-1821. Poète et plus tard grand-maître de l'Université, corrigea le *Génie de l'Homme* et quelques Odes de Chênedollé. Cf. Sainte-Beuve : Notice en tête des œuvres complètes : *Portraits littéraires*, t. II. — A. Beaunier : *La Jeunesse de J. Joubert*, Paris, Perrin, 1918, in-18.
(3) Lacretelle, Aimé, (1751-1824). Littérateur, né à Metz.,

la pensée. Les idées n'entrent dans la circulation que lorsque l'expression les a chargées de sa puissante empreinte.

*_**

Tacite et Shakespeare

La profondeur de Tacite vient de la pensée, la profondeur de Shakespeare vient de l'imagination. Après s'être élevé par l'imagination et la passion avec Shakespeare, il faut se reposer dans la pensée avec Tacite.

F° 364.·

*_**

Conversation avec Joubert

Ier juin.

Sur les illusions dont on doit décorer la nature.

« Il ne faut pas que les objets que l'on peint soient d'une vérité matérielle... (1) »

*_**

Fontanes suivant Joubert est souvent pris aux fausses beautés mais il sent vivement le vrai beau. Il a cherché à donner une forme animée et des parures à la critique.

F° 376.

*_**

Juin.

Il faut respecter les jeunes filles pour qu'il y ait encore un peu d'innocence sur la terre.

F° 366.

*_**

Jardins anglais

Ce qui rend les jardins anglais ridicules c'est qu'on ne peut les placer dans la double perspective de l'illusion et de l'immensité. Vous voulez que ce soit un abrégé du monde ; que ce monticule soit le Caucase et ce filet d'eau le Danube. Mais agrandissez donc leurs dimensions et donnez-leur l'illusion de l'Infini.

F° 368 (V.).

*_**

Auger (2)

Ce petit chien ressemble à Auger. Il est destiné à écrire des articles dans le *Mercure*.

---

(1) Pensée déjà exprimée plus haut : Ms. f° 274 (v.)
(2) Auger, critique littéraire au *Mercure*.

— 57 —

* * *

Geoffroy (1)

C'est la dame de la halle de la littérature. Il a tout le goût et le bon ton d'une dame de la halle.

F° 369.

* * *

Boisgelin

Le talent de Boisgelin n'était qu'une tulipe inodore.
[Elle a été noircie dans l'espace d'un jour par les feux du soleil] (2).

* * *

Creuzé de Lesser

Creuzé : il s'est tout permis, depuis M. des Chalumeaux jusqu'à la tragédie Philopemen (*sic*) (3).

F° 369 (V.).

* * *

Rivarol

Il fallait excuser Rivarol. Il s'était fait un genre particulier de style. Il avait voulu faire entrer dans la poétique de son style écrit le style parlé et il voulait qu'un livre fût encore une conversation. Voilà ce qui peut faire excuser certains défauts de son style, mais ce qui donne tant de vivacité à quelques-uns de ses pamphlets.

F° 370 (V.).

* * *

Conversation avec Joubert

Juin

Rivarol me disait un jour : « Buffon a mis trop de pompe et de noblesse dans ses descriptions, mais il a manqué le côté ingénieux dans le portrait des animaux. Par exemple, en parlant du chat, il a oublié le trait qui le caractérise, le trait d'égoïsme. »
Suit l'expression sur les caresses du chat déjà citée par Chênedollé.
« Ce mot est charmant et très fécond en applications. Par exemple, en faisant le petit *Almanach*, Rivarol s'était caressé à tous les mauvais poètes dont il s'était moqué. »

----

(1) Geoffroi (1743-1814), Critique, auteur d'un *Cours de littérature dramatique.*

(2) Sainte-Beuve, t. II, p. 285.

(3) Creuzé de Lesser, A.-F., (1772-1839), littérateur, auteur dramatique. Il fut le condisciple de Chênedollé à Juilly.

*
* *

Rivarol

Mme de Frugy disait à Rivarol : J'ai mal aux lèvres. — Attendez, je cherche le remède, j'ai le mot sur les lèvres, mais je n'ose vous le dire. — Le mot ainsi détourné devient ingénieux et délicat.

*
* *

F^o 371.

Bonaparte

Bonaparte gouverne avec les idées qu'il se fait à lui-même. Il est à la fois théorie et exécution.

*
* *

Mirabeau

Mirabeau était l'homme qui savait le mieux pomper les idées qui circulaient autour de lui. C'était une vaste éponge qui s'emparait de tout ce qu'il y avait d'idées politiques en circulation. Ce qu'il y a de mieux pour l'homme d'Etat, quant à cela il joint une grande énergie de volonté.

F^o 372 (V.).

*
* *

Mme de Pastoret (1)

Un sot, dit Mme Pastoret (*sic*) aime de tout son cœur et voilà tout. Un homme de génie aime de tout son cœur et de plus de tout son esprit. Dans une grande douleur, il peut lui rester une surabondance de force qui fera que son esprit pourra s'exercer tandis que son âme restera fidelle (*sic*) à sa douleur.

*
* *

Voltaire et Chênedollé

Voltaire a regardé la comparaison comme un flambeau qui devait éclairer l'objet comparé. Moi je le regarde comme une glace qui réfléchit l'objet en le colorant. L'objet comparé doit se réfléchir dans la comparaison comme dans un prisme. Châteaubriant veut que ce ne soit qu'un ornement comme le chapiteau à la colonne.

F^o 374.

*
* *

Les esprits fins

Les esprits excellens et délicats ont entre eux un langage mistérieux (*sic*) qu'eux seuls entendent et qui ne doit point sortir de leur sphère. Voilà pourquoi ils sont si peu entendus et si haïs des autres.

*
* *

---

(1) Mme de Pastoret, l'une des habituées du salon de Mme de Beaumont. Cf. *Mémoires du chancelier Pasquier* (1789-1810). 6 vol. in-8, Plon, 1893, t. I, p. 204.

Esthétique

Dans les arts, il faut rendre les vérités par des illusions. Il ne faut pas que des chairs ne soient que des chairs et un gigot qu'un gigot.

F° 374 (V.).

***

On a bien assez des inquiétudes du cœur sans avoir encore les inquiétudes de la gloire.

F° 375 (V.).

***

Epigramme sur Mme de Staël

Ce sont des épigrammes condensées, chaque hémistiche est une épigramme. C'est l'épigramme des épigrammes.

***

Roucher (1)

Le talent de Roucher est un peu monocorde : c'est en poésie, le plus beau naufrage du siècle.

F° 376.

***

Les filles des princes

Les filles des princes du peuple rougissent comme des vierges et se conduisent comme des courtisanes.

***

La Harpe (2)

Il y a de l'incomplet dans la pensée comme dans le talent de La Harpe. Dans les dernières années de sa vie, l'indignation lui a donné du talent et il est devenu vraiment poète et orateur. Il y a une pensée forte et un talent plein dans son poème.

***

La Harpe est une rosse qui a de beaux crins.

F° 376 (V.).

***

Les femmes

En France, les femmes allient le luxe de la veille avec la misère du jour.

---

(1) Roucher (1745-1794), poète, auteur du poème des *Mois*, mort sur l'échafaud.

(2) Le Harpe (1739-1803). poète, et critique, auteur du *Cours familier de littérature*.

* * *

Diderot

Grégoire Orloff (1) disait à Diderot : « Vous n'entendez rien aux affaires, vous avez un volcan dans la tête. — J'aime mieux avoir un volcan dans la tête qu'une grande chaudière où rien ne bout. »

F° 377.

* * *

Chateaubriand

Il arrondit bien la phrase. Il y a quelque chose d'onduleux dans le style de Chateaubriand.

F° 377 (V.).

* * *

Mirabeau

Mirabeau était né Démosthène, suivant Joubert. Mais je crois qu'il était la caricature de Démosthène. C'était un harangueur de place, ou si voulez (*sic*) un tribun fougueux.

* * *

Diderot

Il y a plus encore de *folies de style* que de *folies d'idées* dans le style de Diderot.

* * *

Tout le siècle de Louis XVI est là-dedans, un sérieux qui n'a pu être effacé par le frivole. (Courtisane : Mme de Coislin ; salon de Mme de Coislin.)

F° 378.

* * *

Saint-Just (2)

Il était impossible de donner au sophisme une plus grande apparence de raison, pour ainsi dire le regard de la vérité.

F° 378 (V.).

* * *

Mme de Custine

« Adieu, reine des Roses (3) ». C'est ainsi que M. de Bouflers apelle (*sic*) Mme de Custine.

Si vous ne venez pas, attendez-vous à la plus terrible explosion de vérité. Ma franchise sera sans bornes.

---

(1) Grégoire Orloff ou Orlof (1734-1783), favori de Catherine II, disgrâcié et fou.

(2) Saint-Just (1767-1794), conventionnel, mourut sur l'échafaud, le même jour que Robespierre.

(3) Sainte-Beuve : *Chateaubriand*, t. II, p. 293.

Rivarol

Rivarol avait un mépris paisible pour le genre humain. Il était à l'aise dans son mépris.

Il a fait tout ce que peut le talent dans son *Dante*..... il se plie et se replie dans son style comme un serpent. Mais peut-être a-t-il un peu trop adouci la franche âpreté du Dante. Joubert trouve que son élégance est trop nue et peut-être pas assez ambitieuse.

F° 379.

Rivarol

Rivarol prétend qu'il faut ouvrir des cautères aux passions. La jouissance n'est qu'un cautère ouvert à l'amour.

Les passions

Les passions sont des besoins. On souffre jusqu'à ce que le besoin soit appaisé. L'amour est comme la faim, c'est une douleur à guérir. Ainsi la jouissance ne peut pas être le bonheur.

Les parties sexuelles

Les parties sexuelles ne sont pas belles. L'une est une plaie et l'autre une tumeur. Il n'y a que la passion qui les embellit : ce mot m'a gâté la jouissance.

Guéneau de Mussy

La conversation de Guéneau, dit Joubert (1), est très fleurie mais ses fleurs n'ont pas l'air de naître spontanément. Elles ont l'air de ces fleurs de papier peint qu'on prend dans les boutiques. La nature n'a point fait ses roses.

F° 379 (V.).

---

(1) Ce jugement de Joubert peut sembler un peu sévère : Fontanes appréciait davantage le jeune Guéneau, ainsi qu'en témoigne cette lettre qu'il adressait le 22 juillet 1803 à Joubert, l'aîné.

Villeneuve : « Le jeune Guéneau part aussi pour la Bourgogne. Je vais me trouver absolument seul. Cet aimable et solide jeune homme n'est pas assez estimé dans notre société et c'est un de mes griefs contre elle. Plus je l'éprouve et plus je lui trouve d'esprit et de bon naturel. Vous le verrez à son passage. C'est le seul coopérateur distingué à mon sens, qui reste dans cette boutique du *Mercure*. Elle va de mal en pis. Je crains bien que votre zèle ne soit en pure perte. » — Lettre inédite.

Communication de M. A. Beaunier.

* * *

On a dit aussi de Guéneau qu'il ne servait pas chaud.

* * *

Cerutti (1)

Joubert dit un mot fort piquant sur Cerutti. Il prétendait que dans ses ouvrages, il y avait trop de *façades* et pas assez de plan.

* * *

Mᵐᵉ Geoffrin (2)

Mᵐᵉ Geoffrin, dit de Catherine, fut louée par Diderot : Cela n'est pas étonnant, elle *posait* devant son peintre — On ne pose pas pendant trois mois, répondit-il.

Fᵒ 380

* * *

Mᵐᵉ de Pastoret (3)

Mᵐᵉ Pastoret (*sic*), c'est un cœur. Quelquefois elle ne sait pas donner une place à ses beaux traits.

* * *

Mᵐᵉ de Rémusat (4)

Mᵐᵉ de Rémusat, c'est un marbre corrompu. Les femmes n'ont plus même de sens.

* * *

Mᵐᵉ de Flahaut (5)

Mᵐᵉ de Flahaut fait quand elle veut des yeux de velours. Elle fait patte de velours avec ses yeux.

* * *

On ne peut pas prendre un baiser coupable sur un front où on en a tant pris d'innocens.

(1) Cérutti (1738-1792), jésuite et littérateur, employé par Mirabeau dans la rédaction de ses discours. Rivarol l'appelait « le limaçon de la littérature ». *Esprit de Rivarol*, p. 169.

(2) Mᵐᵉ Geoffrin (1699-1777), contribua pour cent mille francs à la publication de l'*Encyclopédie*.

(3) Joubert avait en grande estime Mᵐᵉ de Pastoret. Il lui écrivait le 27 octobre 1811 : « M. de Chateaubriand et moi avons parlé de vous tous les jours en nous promenant, et je n'ai pas manqué de lui dire tous les soirs, quand nous considérions les merveilles de l'Occident, spectacle dont il est aussi épris que moi : Ce soleil se couche sur la cabane de paille qu'avait Mᵐᵉ Pastoret. » — Lettre inédite. (*Communication de M. A. Beaunier.*)

(4) Mᵐᵉ de Rémusat, petite nièce du comte de Vergennes. Elle a laissé des *Mémoires* intéressants sur la Cour de Napoléon Iᵉʳ, où elle avait été dame d'honneur (1780-1821).

(5) Mᵐᵉ de Flahaut, connue surtout sous le nom de Mᵐᵉ de Souza. Romancière.

**

Delille

Les vers de l'abbé Delille sont de marbre, froids et polis.

Fo 380 (V.).

**

Diderot

Diderot était un prêtre manqué, un faux prophète. Il y a du vagabondage dans tout ce qu'il écrit.

Fo 381.

**

Thèmes sur la Rose

Io *comparaison* entre la vie de l'homme et les bosquets du printemps, dont « un seul jour suffit pour effeuiller les roses ».

La fleur de la jeunesse couvre la terre de ses débris « comme les roses de mai couvrent les gazons des débris de leurs feuilles de pourpre ».

Et le souffle des vents roule les débris des roses « sur les gazons qui en sont un moment embellis. »

**

IIe *comparaison*, fragilité des beautés terrestres. « Cette rose est à peine épanouie qu'elle va périr »... encore un souffle des vents et « tout ce luxe qui chargeait la tête parfumée de la Reine des Fleurs » va tomber à ses pieds.

« Elle était l'orgueil et la pompe des bosquets de Flore » et dans ce moment « elle en est la honte ».

Fo 389 (V.).

**

« Il n'a presque vécu que l'âge d'une rose ».

**

> La beauté dans son printemps
> Brille pompeuse et fleurie
> Semblable à la fleur des champs.
> Le matin épanouie,
> Le soir livide et flétrie
> En horreur à ses amans.

**

Septembre.

Le soleil se couchait dans la robe enflammée des nuages, et avait l'air, en disparaissant, de s'entourer des replis d'un vaste incendie.

**

Le soleil avait l'air de se plonger dans la bouche d'un volcan en éruption.

Chêned.

***

Il faut une ancre pour fixer le vaisseau flottant de la vie, et cette ancre est le travail, (et la profession que chaque homme doit embrasser).

F⁰ 383.

***

La Rose

Il y a trois choses auxquelles je ne puis songer sans ravissement : le clair de lune, le sourire de la femme et la rose, et j'ajouterai, le chant du rossignol.

***

La Rose

Le vrai type de la Beauté est une rose qui, toute humide de la rosée du matin, ou chargée des grosses gouttes de la pluie d'été se balance au bout de sa longue tige, lorsque le zéphir de son souffle amoureux la berce mollement.

F⁰ 384 (V.).

***

Rivarol

Rivarol fait des épigrammes jusque dans son éloquence, (on pourrait dire aussi jusque dans son silence).

***

Les Passions

Les passions sont les orateurs des grandes assemblées

***

Histoire et épopée

Le poète épique ne peut pas s'emparer aisément des grands hommes de l'histoire. Les couleurs de la fiction ne tiennent pas sur ces Bustes vénérables qui portent les vieilles empreintes de l'histoire et du temps.

***

Les Langues

Les langues sont les médailles de l'histoire.

F⁰ 385.

***

Inspiration allemande

On peut emprunter des idées aux Allemands, mais il faut les faire passer au travers du prisme Grec et Latin.

F⁰ 386.

*****

Rivarol

Rivarol se vantait d'être celui qui avait mis le plus d'expressions neuves en circulation. Il avait beaucoup d'esprit en argent comptant, en monnaie courante.

*****

Corneille

« Le Grenadier du Parnasse. » (1)

F° 386 (V.).

*****

Voltaire et Rivarol

Voltaire appelait Rivarol l'aimable français.

*****

Personne n'a eu peut-être plus de mobilité dans l'imagination et plus d'agitation dans l'esprit que Rivarol. Pas même Diderot, pas même Voltaire. Il avait plus d'esprit qu'aucun autre dans un temps donné. C'était l'enfant gâté de l'imagination.

F° 387.

*****

Rivarol

Rivarol manquait de foyer. Il savait brosser et pétrir une matière, il ne savait pas fondre et couler un bronze. Il faut pour faire un tout qui se tienne bien que la matière ait été fondue et amalgamée par la flame (*sic*) du génie. |

F° 387 (V.).

*****

Fontanes

C'est Fontanes qui lui avait donné l'idée des deux siècles, qui se rencontrent sur le tombeau de Turenne.

*****

(Soirée avec Fontanes chez lui. Janvier ou Février 1808.)

F° 388 (V.).

*****

Le chant de la politique du GÉNIE DE L'HHOMME (2)

Le chant de la *politique* du *Génie de l'homme* est une bonne

____

(1) Le mot est de Rivarol.
(2) Le 4ᵉ chant.

fortune pour la poésie et une vraie conquête pour la langue : ce sont les vers d'or de la politique.

F⁰ 389.

* *

Sur une inconnue (nom arraché)

Femme « très rusée et très dissimulée ». — Elle cache sa « finesse » sous un air « d'innocence » qui tromperait le « plus fin ». Elle joue aux évanouissements pour entendre ce que l'on dit et voir jusqu'à quel point on s'intéresse à elle.

* *

Impossible de fixer une tête comme celle-là. « La reconnaissance » n'a pas prise sur elle. Il est difficile de lui inspirer « une passion », etc.

* *

Tête mobile et sans consistance.

F⁰ 389 (V.).

* *

L'âge

Il y a un âge où les hommes ne sont plus que *cerveau*, le cœur n'est plus rien.

* *

Il faut faire les démolitions sans bruit.

F⁰ 390.

* *

Delille

C'est un rossignol qui chante bien. Il a un gosier bien brillant.

* *

Il faut jeter l'ancre dans la pensée, après cela on donne les couleurs.

* *

La poésie

Vous avez fait l'ostéologie, maintenant il faut y mettre le coloris et les chairs.

* *

La poésie amollit et détrempe la pensée parce qu'alors l'esprit ne s'adresse qu'aux formes.

F⁰ 393.

* *

Maladie

Votre maladie vient de ce que l'équilibre est rompu entre les organes. Dans l'un il y a excédent de vie et dans l'autre il y a défaut.

Au moment de la digestion, toute la vie se concentre dans l'estomach (*sic*) et il y a atonie dans les autres organes. Il faudrait un orage nerveux, un orage moral pour rétablir l'équilibre. Quel jargon !

F° 393 (V.).

***

Bonaparte et l'Université (1)

L'Université est une belle idée. C'est l'armée de la pensée, destinée à soumettre le monde pensant à Bonaparte comme il soumet le monde matériel par ses armes. Tout chez lui *est de génie.*

F° 390 (V.).

***

Millevoie *(sic)*

Il a un joli gosier, mais pas une idée.

F° 393.

***

Les Femmes

C'est une chose merveilleuse combien une femme peut être méchante, sans esprit et combien elle trouve de ressources pour tromper et gouverner un homme. L'homme le [plus] fin, le plus défiant, quand il est amoureux, est trompé à tout instant et de toutes manières, par la femme la plus bornée et cela avec une ruse et une audace qui me semblent toujours nouvelles. Tout ce qu'elles inventent de louche, de vague pour jetter (*sic*) un homme dans l'inquiétude et l'indécision de ce qu'il doit faire est incroyable, un des bonheurs des femmes est de tourmenter.

***

Tout ce qui passe par la tête de cette femme de mouvemens de vanité, de colère, de ruse, suivi de retour de bonhomie et d'humilité et de repentir et de honte sur son état, et tout cela dans un instant et avec une mobilité inconcevable. Tout cela dis-je tient du prodige.

F° 394.

***

Pasquier (2)

Chênedollé souhaite le bonjour à M. Pasquier et le prie d'accepter ses remerciemens pour le service qu'il veut bien lui rendre.

Il n'ose...

F° 394 (V.).

Les femmes

Je suis obligé d'avoir de la raison pour vous.

---

(1) Chênedollé admirait Bonaparte : « La France est redevenue puissance régulière, écrivait-il, depuis que Bonaparte est à la tête du Gouvernement. » F° 531 (V.)

(2) Le chancelier Pasquier, auteur de *Mémoires* (1789-1810).

La tête des femmes est le rendez-vous de toutes les folies, et bien souvent le rendez-vous de toutes les passions.

***

Ce sont des anges par la tête et des démons par la ceinture.

Fo 394.

***

Le Tasse a fait l'épopée romanesque comme Voltaire a fait la tragédie romanesque. Son ouvrage est le plus divertissant des poèmes épiques. Il a le charme du roman mais il manque de sublime. Il y a du feu et de la rapidité dans ses batailles (*sic*) et elles sont bien variées, mais peut être n'y a-t-il pas assez de ce grandiose qui est dans Homère et Milton.

***

Saint-Lambert

Saint-Lambert à Voltaire qui corrigeait la *Henriade :* Que faites-vous donc là ? — Je jette des diamans sur un squelette.

Fo 395.

***

Milton

Milton est un barbare, mais c'est un barbare sublime. Qu'il est beau dans sa bataille (*sic*) des Anges !

Fo 395 (V.).

***

Pessimisme

L'homme se tourmente toute sa vie pour trouver un peu de repos et à peine ce peu de repos est-il trouvé que la mort arrive. C'est qu'il n'a pas été dans les desseins de Dieu que l'homme fut heureux sur la terre. Cette vie n'est qu'une épreuve, une misère perpétuelle, et ce monde une vallée de larmes.

Fo 395.

***

Rivarol

L'ouvrage de Rivarol était un traité de politique appliquée, et une application continuelle des découvertes de la physique à l'art de gouverner les empires.

***

Rivarol taillait toutes ses pensées à facettes. Il tenait une phrase quinze jours sur le chevalet.

***

Musique

S'il n'y avait pas toujours quelque chose de vague et d'indéterminé dans l'expression de la musique, elle serait le premier des arts, car son expression est bien plus vive que celle de la poésie même.

Ex. : Le même morceau peut convenir à une tempête à une mère qui a perdu son fils.

Le même morceau peut convenir à la mélancolie d'une amante, à une jeune fille qui pleure sur l'urne d'un père.

F° 396.

***

Sur Tissot *qui ne voulait pas que je donnasse des doigts d'argent à la Lune* (1)

C'est l'homme le plus désintéressé de son siècle, il ne veut pas d'argent même dans les vers. L'austérité des cénobites n'arrive pas jusque là.

F° 396 (V.).

***

Mœurs

Les nations finissent dans les boudoirs et commencent dans les tentes et dans les camps.

F° 397 (V.)

***

(1) Allusion au vers du *Génie de l'homme*, chant, I, l'*Astronomie*, p. 14, œuv. compl. « Prends de tes doigts d'argent le sceptre dans la nuit », dit le poète à Phœbé.

1812

A vingt-cinq ans les passions ne gravent que sur le sable ; mais à quarante ans elles gravent sur le bronze et le diamant. Les traits qu'elles ont imprimés au cœur sont d'autant plus profonds que c'est l'habitude qui a tenu le burin.

***

L'Empire

L'empire est un homme fini. Ce n'est plus là le Bonaparte de 1795. Il a été usé par la Royauté. Mais, lui pris, comment démêlera-t-on la fusée au point où en sont les choses, comment débrouillera-t-on ce chaos ? La tête tourne sur cet abyme. (*sic*)

Il se trouva par l'événement que la Fayette n'avait été qu'un sot cruel.

***

Opinion de Chênedollé sur les Chouans. La Loi des Otages.

Si les chouans avaient tué un bleu, on prenait quatre des plus notables parmi les partisans de la chouannerie et on les exposait les premiers au feu, en les menant à l'ennemi.

La loi sur la *responsabilité des communes* à l'égard des conscrits lui paraît barbare et révolutionnaire. De même la loi sur les parents d'émigrés.

D'après cette loi (de resp. des com.) on est sûr [que la commune] ne donnera pas asile au chouan et le dénoncera si elle sait où il est.

***

Jugement sur les Montagnards

Cette espèce d'hommes est supérieure à celle de nos paysans ; rien ne la rebute, rien ne la décourage, et elle est infatigable au travail.

L'Auvergnat est fin, patient, gai, spirituel et industrieux. Ils sont beaucoup plus spirituels que nos paysans. Ils aiment beaucoup l'argent, mais ils méritent d'en gagner, car ils prennent assez de peine.

***

Réflexion au retour d'une promenade matinale, après la rencontre d'un auvergnat chaudronnier qui portait 4 ou 5 énormes chaudrons de fer.

F° 278 *bis.*

**

On gagne plus à méditer sur un insecte qu'à lire vingt pages de
Voltaire ou de Rousseau. En me promenant le long d'un fossé,
dans un des chemins couverts de notre Bocage, je ne fais pas un
pas qui ne me fasse naître une pensée. Une plante, une fleur, un
insecte, tout m'invite à méditer. Au printemps, je vois toute la
nature renaître, je vois la verdure poindre, les arbres boutonner,
le premier papillon éclore. En automne, je vois se flétrir et se déco-
lorer la plante que j'avais vue toute brillante des richesses du
printemps. Je vois le papillon expiré sur sa feuille qui a reçu les
derniers soupirs de cette vie de quelques jours et peut-être de quelques instants. Les alternatives de vie et de mort, ces balancements
entre la reproduction et la destruction me font rentrer en moi-
même et me forcent d'arrêter ma pensée sur cet ordre mystérieux
et profond de la Providence qui a confié son sceptre à la nature
pour dispenser les naissances et les destructions et qui a chargé
la mort de renouveller (*sic*) et de perpétuer la vie.

F° 278 *quinque.*

**

M. de Réaumur (1) et les chenilles

« C'était l'espion et l'amant de ces dames. »
Il y a un temps où une belle chenille me causait autant de transports qu'une maîtresse. J'en étais fou. J'y rêvais sans cesse, j'en
séchais. Rien en effet n'est plus nerveux, plus attachant que les
métamorphoses des insectes. Rien n'est plus varié, plus brillant, plus opulent que leurs couleurs.

**

Jugements littéraires

Coisel, 3 octobre.

Buffon est le plus pompeux des écrivains. Rousseau est le plus
véhément, Pascal est le plus sublime, Bossuet le plus impétueux.
Fénelon est le plus tendre et le plus gracieux de nos écrivains,
Massillon est le plus élégant et le plus pur.

F° 278⁵.

**

Jugement sur Fontanes (2)

Fontanes n'a que l'élégance, la pureté, l'harmonie, c'est une
fille sans tempérament.

F° 278⁵ (V.).

---

(1) R.-A. de Réaumur : le Pline du xviii° siècle, physicien, naturaliste français
(1683-1757).

(2) Jugement de Joubert. Il disait encore : « Fontanes a un style poli sans éclat.
Il caresse bien la phrase, mais elle ne laisse pas de sillon ; elle ne s'imprime pas »,
Sainte-Beuve, *op. cit.*, t. II, p. 280.

* * *

La moitié de notre bonheur est sur le visage des autres. Si on n'est entouré que de visages tristes on est triste.

F° 278⁸

* * *

6 octobre.

Quand les idées sont fausses en littérature, elles deviennent fausses en politique, voyez la littérature de la fin du XVIIIe siècle.

La littérature et la politique se contrebalancent mutuellement, réagissent l'une sur l'autre.

1° Début à peu près fait dans mon discours d'ouverture.

2° Proposition à établir et preuves de la proposition, tableau de la littérature sous Louis XIV. La majestueuse tranquillité de l'administration se reproduisait dans la littérature. Les hommes de lettres n'étaient qu'hommes de lettres et ne cherchaient pas à avoir une influence politique.

F° 278⁹.

3° Décadence de la science du Gouvernement sous Louis XV. Influence exagérée des philosophes : Voltaire, Rousseau, Raynal.

* * *

Mme de Sévigné est une caillette charmante. Les deux ouvrages qui m'étonnent le plus, ce sont les lettres de Mme de Sévigné et les fables de La Fontaine. cela est tout à fait inimitable. Ce qu'on admire le plus est la qualité qu'on n'a pas. Homère m'étonne moins que La Fontaine.

Les fables de La Fontaine, les Lettres de Mme de Sévigné, les lettres et les poésies légères de Voltaire sont des livres français par excellence.

F° 278 (V.).

* * *

[Jugements littéraires

Montesquieu

prend souvent les éblouissements pour la lumière.

Pascal

s'éblouit à sa propre lumière.

Molé

est un peu Grandisson littéraire. Il a sauté à pieds joints dans la vieillesse en passant par dessus la jeunesse et l'âge mûr. D'autres reculent dans la jeunesse lorsqu'ils sont vieillards. Moté a anticipé l'âge mûr et jeune a couru et s'est précipité dans la vieillesse.

F° 278 *ter* (V.).

* * *

1815

Coisel, 3 *octobre.*

La colère m'avait mis hors des gonds. Je me baignais dans ma rage.

***

Il y a un arrière goût de sophisme dans tout ce qu'a écrit Rousseau.

F° 278⁶.

***

Les Montagnes (1)

J'ai besoin de vastes horizons... Mon imagination étouffe lorsqu'elle est renfermée dans d'étroits vallons, ou dans des horizons bornés. Elle n'est à l'aise que sur les hauteurs, et pour tout dire que sur les Alpes. Ma pensée a besoin d'errer dans de grands espaces et de se lancer dans l'Immensité.

Cimes du mont Jura je reviens vous chercher.
C'est par vos hauts sommets que j'aimais à marcher,
Quand rempli d une noble et poétique audace
J'égarais mes regards dans un immense espace ;
Que j'aimais à plonger sur cet immense espace
Où s'égarait au loin ma poétique audace.
Dans le vaste horizon sous mes yeux déroulé
De beautés et d'horreurs un monde est étalé.

F° 278 octo.

***

Les femmes

La plus sotte des femmes est encore assez rusée pour tromper l'homme le plus spirituel. Nous savons qu'en masse les femmes sont cat... et cependant nous nous laissons tromper chaque jour en détail.

***

Je veux bien passer ma vie à être votre dupe, mais je ne veux pas mourir sans vous dire que j'ignore (*sic*) pas que je suis votre dupe.

La plupart des *passions* des hommes ne sont que des fantaisies.

On vit au jour le jour avec sa conscience comme avec sa fortune. Les hommes craignent de s'aprofondir (*sic*) comme on craint de compter avec soi-même, quand on a de mauvaises affaires.

F° 278⁶ (V.).

---

(1) C'est dans le 2ᵉ chant du *Genie de l'homme* qui traite des *Montagnes* que Chênedollé a été le plus heureusement inspiré.

*
* *

La Révolution et l'enseignement

La révolution détruisit les universités et les collèges.

... L'étude des langues anciennes était négligée, on sacrifiait trop aux sciences mathématiques — pendant cette période, l'enseignement fut vacillant, incertain, sans but déterminé... on créa les lycées, mais ces établissements étaient encore incomplets. On tâtonnait encore jusqu'à ce qu'enfin par une grande pensée le *génie puissant qui nous gouverna* résolut d'établir sur une échelle immense tout le système de l'éducation.

Chênedollé admire profondément l'organisation de l'Université établie par Napoléon I.

F^o 279 bis.

*
* *

Rivarol

Rivarol est de tous les hommes que j'ai connus, celui qui m'a le plus étonné, le plus attaché, le plus charmé, *il m'a tenu suspendu à sa conversation avec des chaînes d'or* (1) pendant trois ans. Cet homme exerçait un empire absolu sur mon imagination. Il avait subjugué, enchaîné toutes mes facultés. Il jouait du clavecin sur mon cerveau. Il détachait jusqu'à la dernière fibre de mon imagination. Il avait porté mon imagination et ma pensée jusqu'au dernier degré d'éréthisme.

*
* *

La conversation de Rivarol a décoloré pour moi, tous les livres.

F^o 279 ter.

*
* *

Il y a de l'airain dans le style de Buffon. Rousseau avait une sensibilité bien plus fine et plus exquise. Ses descriptions sont moins pompeuses que celles de Buffon, mais elles ont plus de charme. Il y a plus de grâce, de douceur, de mollesse dans son style. Son harmonie a quelque chose de plus délicat et de plus pénétrant.

F^o 279 quater.

*
* *

4 octobre.

Les enfans n'aiment tant les domestiques que parce qu'ils les voient sans cesse travailler, manier le louchet, la bêche, la faux, le croissant, les ciseaux, l'arrosoir. Les ouvriers et les domestiques leur paraissent des êtres très extraordinaires, très puissants... de là leur attachement et l'espèce de vénération qu'ils ont pour eux.

F^o 279⁵.

---

(1) Sainte-Beuve, *op. cit.*, t. II, p. 177.

*_**

« Le matin je vais à la chasse des idées. Je demande des idées et des expressions à tous les objets. »

Jeune pommier mort avec tous ses fruits.

Chênedollé se représente « un jeune homme qu'un excès de travail et l'amour exagéré de la gloire emporte dans la tombe, à la fleur de l'âge, avec toutes ses grâces et tous ses talens. »

Terre nouvellement remuée et couverte de nouvelle végétation.

Mon imagination me représente des milliers de germes qui dorment depuis longtemps dans les profondeurs de la terre, et qui portés à sa surface s'y transforment en fleurs et en plantes. Image de ces génies vigoureux, qui en remuant la langue à de grandes profondeurs en font jaillir des milliers de pensées...

F° 279⁵ (V.).

*_**

Encore : « Ces révolutions, qui, en remuant tout un grand peuple font jaillir des talens qui dormaient dans des conditions obscures et des géans politiques qui sortent comme dessous terre. »

F° 279⁶.

*_**

8 octobre.

Anaïs (1) m'a fait connaître toutes les délices attachées au nom de père. Il m'a causé plus de sentimens délicieux que tous ceux que les passions les plus tendres m'ont fait éprouver. Il me passe avec sa mère bien près du cœur. Quand je le vois courir, sauter, bondir, chanter, crier de joie, si heureux d'être et de sentir, il me prend de tels épanouissements de cœur, de tels attendrissemens que les larmes m'en viennent aux yeux.

F° 279⁶ (V.)

*_**

7 au matin.

Le ciel était encore en désordre : il retenait encore toutes les traces de la tempête. Des nuages d'un noir affreux et labourés par les vents flottaient aux horizons. Ces gros nuages roulant les uns sur les autres ressemblaient à une mer houleuse prête à submerger la terre. Que ces nuages étaient beaux vus au travers des sombres rameaux des pins et des mélèzes ! des torrens d'eau sont tombés, mais le ciel n'a pas encore épuisé son urne.

F° 279⁷.

*_**

Extraits (2)

« Peindre l'effet de l'ombrage des herbes qui flotte sur le gazon

---

(1) Charles-Anaïs de Chênedollé, premier enfant, né du mariage du poète avec Mˡˡᵉ Aimée de Banville (Vire, 4 juin 1810).

(2) Chênedollé admirait le génie de Chateaubriand et il allait parfois à la maraude dans ses ouvrages. *Mémoires d'outre tombe,* éd. Biré, t. II, p. 263.

comme d'immenses draperies ou des rideaux mobiles découpés à jour. »

(*Midi Poétique.*)

Extraits de Chateaubriand, [fol. 279 *oct.* 280.] Natchez et Atala Meschacebé, fleuve trop fameux dans les annales de la France... jardins de Babylone.

. « Des oiseaux moqueurs... des perroquets verts à tête jaune.

... Si tout est silence et repos dans les Savannes, de l'autre côté du fleuve, tout ici au contraire, est mouvement et murmure, etc.

« La scène sur la terre n'était pas moins ravissante, etc...

... et expiraient à travers les forêts solitaires. »

⁂

« Les plus belles nuits en Europe ne peuvent en donner une idée... » etc...

Fᵒ 280 (V.).

⁂

Amour

Le véritable amour est toujours sérieux et mélancolique, l'idée de la mort se mêle à ses jouissances les plus vives, et il est toujours prêt à s'immoler. L'amour se compose de quelques minutes d'enchantement, et d'un fond éternel d'inquiétude, de larmes et de mélancolie.

⁂

Métaphysique

L'âme ne consiste que dans une circulation de pensées et de désirs.

⁂

L'âme n'est qu'un agrégat d'idées. La mémoire n'est qu'une habitude de l'esprit.

⁂

Le bonheur

Le bonheur est un état sérieux. — Le bonheur est l'intérêt dans le calme.

⁂

L'Imagination

L'Imagination est la personnification des cinq sens.

Fᵒ 282.

⁂

On pourrait dire que l'Imagination est l'aggrégation des cinq sens un peu spiritualisés, ou bien que c'est l'esprit un peu matérialisé. C'est une espèce d'être simple, de substance indécise jettée sur les confins de l'esprit et de la matière pour lui servir d'isthme, de porte de communication.

Fontanes (1)

Fontanes a un goût exquis. C'est du génie que le goût porté à ce point là. Son goût est du génie.

F° 282 (V.).

* *

Le Sublime

Il y a deux sortes de sublime, le sublime d'objets et le sublime de pensées ou de sentiment. Un objet est sublime toutes les fois qu'il est hors de proportion avec nos organes : Ainsi une tempête, une haute montagne couverte de neige, la chute du Niagara, etc., sont des objets sublimes. Une pensée ou un sentiment sont sublimes lorsqu'ils ne sont plus en proportion avec nos conceptions et nos passions habituelles. Ainsi ce « qu'il mourut » d'Horace, le « Moi » dans Médée et le « qui te l'a dit » dans l'Hermione de Racine sont sublimes, etc...

F° 283.

* *

Corneille et Racine

Racine a été plus homme d'esprit et Corneille plus homme de génie.

* *

Cette femme a eu quelques distractions (*Galanteries*).

F° 284 (V.).

* *

Amour

Chose étrange et déplorable, quand l'amour s'est tourné en aversion, les sacrifices sont comptés pour rien, et toutes les attentions, tous les soins délicats loin de ramener ne font qu'irriter davantage celui qui n'aime plus. Oh ! qu'un mari qui n'aime plus sa femme devrait au moins ménager sa délicatesse et sa jalousie en lui cachant ses intrigues ! La jalousie quand elle n'éclate pas est la louange la plus douce qu'une femme puisse donner à son mari, et le plus grand sacrifice qu'elle puisse faire est de renoncer ainsi sans se plaindre à ce sentiment délicat qui faisait son bonheur. Quand la jalousie éclate elle est encore louable, mais la haine rend un mari injuste au point de trouver mauvais que sa femme n'approuve pas l'irrégularité de sa conduite. Ce qui est une injustice odieuse. Tous les torts sont du côté de Chat... (2) et tous les sacrifices du côté de sa femme. Il y a dans une femme qui se conduit ainsi quelque chose de céleste.

---

(1) Chênedollé a subi — trop étroitement — l'influence classique de Fontanes, dans le *Génie de l'homme* et même dans les *Etudes poétiques*.

(2) Chateaubriand.

* * *

Jugement de La Harpe

La Harpe a dit que Chateaubriand était Mme de Staël en culotte, mot sans esprit et sans vérité.

* * *

Fête-Dieu

Dieu vient féconder la terre au bruit des foudres et des tempêtes et descend parmi nous au milieu d'un nuage de fleurs et d'encens.

* * *

Dieu vient féconder la terre au bruit des foudres et des tempêtes : il fait descendre la fertilité dans un orage.

(*Rogations.*)

* * *

La religion chrétienne est essentiellement tendre, sublime et mélancolique : voilà les trois divisions (1).

F° 285.

* * *

L'amour

L'humeur et le dépit sont autant les signes de l'amour que la tendresse. Quand on n'aime plus tout est calme et ce silence du cœur est celui de la tombe.

* * *

Amour

La véritable essence de l'amour est dans les passages subits et violents de la tendresse à l'emportement. Il n'est jamais plus près de s'emporter que quand il est le plus doux. Il n'est jamais plus près de redevenir soumis que lorsqu'il est emporté et c'est dans ces alternatives que consiste l'amour. Un amour calme, tranquille n'est plus de l'amour ; c'est de l'estime, c'est de l'amitié, c'est tout ce qu'on veut, mais ce n'est plus de l'amour.

F° 285 (V.).

---

(1) Chênedollé méditait un poème sur la religion.

Quand on est agité d'une passion violente pour une femme et que cette femme menace de vous quitter, on se sent capable du sacrifice pour le présent et le dépit fait une partie des frais de la victoire ; mais quand l'image en se reportant dans le passé, vient à se rallier aux souvenirs ou se précipiter vers l'avenir, toutes les résolutions tombent et l'on se trouve aussi faible qu'au premier moment.

***

Dans les grandes passions c'est toujours l'imagination qui est vaincue la dernière...

C'est l'imagination qui fait les premiers frais de l'amour et de la gloire...

Et voilà pourquoi, quand l'imagination n'y est plus le dégoût vient vite.

Les passions sont bien plus ingénieuses que l'esprit. L'amour quand il est bien violent fournit plus de sentimens dans une heure que l'imagination la plus féconde ne pourrait fournir de pensées dans un jour.

Voyez un amant bien épris qui veut retenir une femme qu'il aime, quelle éloquence, quelle raison, quelle logique, comme il lève toutes les difficultés que peuvent opposer la bienséance, le devoir, la vertu. Comme il résout toutes les objections et se dérobe à toutes les ruses du devoir. Quand le cœur est agité par une violente passion il est toujours éloquent, même chez l'homme grossier. Tous les hommes sont égaux, etc...

***

Passion

Un des caractères de la passion c'est de ne voir que son malheur sans jamais faire attention à celui des autres. Ainsi un mari qui n'aime plus sa femme ne voit cette femme que comme l'instrument de son malheur, et ne songe pas au malheur affreux qu'il lui cause : passion et injustice, deux noms corélatifs (*sic*).

Tous les hommes sont égaux par le cœur. La femme du peuple qui voit son enfant prêt à être écrasé sous une roue a un cri aussi éloquent que la femme qui a reçu la meilleure éducation. Le sentiment est égal dans toutes les classes et ne diffère que par l'éloquence de l'expression.

F⁰ 285 (V.).

***

Richesse de la langue

« On a souvent accusé notre langue d'être pauvre et l'on a tort : une langue n'est pas riche par la quantité de mots dont elle se compose mais par la quantité d'expressions créées qui se trouvent dans ses écrivains. Or, il est aisé de prouver que dans une langue dont la construction est directe comme la langue française, il doit y avoir plus d'expressions créées que dans les langues à inversions.

(Le seul moyen d'animer le style dans la contruction directe c'est l'expression créée.)

* *
*

L'expérience confirme partout cette remarque. En effet, les autres nations n'ont point d'auteurs où il y ait autant de pensée et d'expression que dans Pascal, Bossuet et Montesquieu. D'où il résulte que de tous les écrivains, ce sont les grands écrivains français qui doivent le moins perdre à la traduction.

* *
*

Les empoisonnements

Un genre de crimes a manqué aux époques désastreuses de la Révolution : ce sont les empoisonnemens. Je ne remarque guère que celui du fils de Louis XVI et du chirurgien qui le visita. Celui-ci fut tué dans les 21 heures et on ne se donna même pas la peine de déguiser sa mort. Les empoisonneurs étaient devenus très communs en France dans le XVIᵉ siècle. lorsqu'une foule d'Italiens y passèrent avec les Médicis. Ils durèrent jusqu'au siècle de Louis XIV.

Fᵒ 286.

* *
*

Religion et philosophie

Un peu de philosophie écarte de la religion et beaucoup y ramène. Quand on en a peu, on ne voit que les abus. Quand on en a beaucoup, on en voit la nécessité. Ainsi, c'est encore par philosophie qu'il faut être religieux.

* *
*

Utilité de la religion

La religion peut n'être pas indispensable à quelques individus, mais elle est indispensable aux masses.

Fᵒ 287.

* *
*

Littérature

Quelquefois, le mélange du physique et du moral peut faire un effet merveilleux, comme dans cette phrase sur les malheureux de l'exil : « Sa tombe ne reposera point dans la terre de la patrie avec les regrets de l'amour, le soleil couchant et les pleurs de la religion. » Le soleil couchant jeté entre deux sentiments moraux est ici d'un effet admirable, mais ces beautés sont d'une poétique si parfaitement délicate qu'on ne peut pas les conseiller. Sur cent tentatives de ce genre, il y en aura une qui sera beauté et quelques-unes qui seront défauts.

* *
*

Il faut en poésie, comme en peinture, savoir éteindre les lumières, il faut savoir sacrifier les détails à l'ensemble. Pour faire ressortir un diamant, il ne faut pas lui donner un entourage d'autres diamants ; il faut le placer sur un fond obscur et un peu dans l'ombre, afin qu'il rayonne avec plus d'éclat. Il faut savoir éteindre, comme parlent les peintres. Cette observation est d'un goût très sûr et d'un vieux routier en littérature.

****

D'ordinaire, un auteur vaut mieux que son livre. Si le livre réussit, il n'y a pas là de quoi s'enorgueillir et s'il tombe il n'y a pas de quoi s'affliger. Cela m'a paru d'un calme parfait.

F° 289.

****

Croyez bien qu'il n'y a vraiment de grand que le grand qui marche dans l'ombre.

****

Sur Paul et Virginie (1)

On admire *Paul et Virginie* vaguement et sur parole, mais il y a bien peu d'hommes qui soient entrés dans ces mystères du style et du talent de l'auteur; il y en a bien peu qui sachent en quoi consiste le charme de cet ouvrage et où sont les créations d'expressions.

****

Télémaque (2)

L'antiquité est plus belle dans *Télémaque* que chez les anciens même, et c'est peut-être ce qui a valu tant d'admirateurs à l'antiquité : car les modernes ne l'ont presque vue que dans *Télémaque*.

F° 290 (V.)

****

Atala

Dans *Atala*, le solitaire n'est point un capucin ignorant. Il lit Homère en grec et le sait par cœur. Il faut le faire remarquer.

****

Il y a deux parties dans *Atala* : la partie descriptive et la partie dramatique. Atala est moins jeune que Virginie.

F° 291.

****

La pensée est dans les yeux, mais le sentiment est dans la bouche. Un sot peut avoir de beaux yeux, il n'y a qu'un homme d'esprit qui puisse avoir une bouche agréable.

---

(1) Chênedollé aimait beaucoup Bernardin de Saint-Pierre.
(2) De Fénelon.

6

* * *

Le *Télémaque* est céleste de composition et souvent admirable de détails. Quel beau reflet de l'antiquité, et souvent c'est plus beau que l'antiquité.

Fo 293.

* * *

Atala

Les sentiments et les pensées d'*Atala* sont pris dans une nature bien haute, et bien loin des routes ordinaires. C'est un talent du plus grand caractère. Les descriptions, les narrations, les expressions, le style en un mot, tout est du plus beau genre.

* * *

Le caractère d'Atala est une création, celui du père Aubry est admirable.

* * *

La narration court.

* * *

Jamais écrivain ne jeta ses richesses avec tant d'abandon (1).

Fo 293 (V.).

* * *

Le mérite d'Atala

L'auteur a réuni la magnificence avec la simplicité. Il a été magnifique avec abandon et riche sans apprêts et sans recherches ; il a été magnifique dans ses descriptions, simple comme Homère dans la narration, plein d'abandon et de chaleur dans les morceaux dramatiques.

Fo 293.

* * *

L'idée de pureté est toujours jointe à celle de calme : c'est en lisant Fénelon surtout qu'on sent le charme de la pureté, il donne l'idée d'un beau vélin sur lequel on aurait gravé des caractères d'azur.

* * *

Chat. (2) est le seul écrivain en prose qui donne la sensation du vers : d'autres ont eu un sentiment exquis de l'harmonie, mais c'est une harmonie oratoire ; lui seul a une harmonie de poésie.

Fo 296.

---

(1) Chateaubriand avait mis à profit l'enthousiasme du poète. Dans le *Mercure* du 26 février 1803, Chênedollé répondit à une critique du *Génie du Christianisme* qu'on attribuait à M. de Boufflers.

(2) Chateaubriand.

***

Dans les temps de trouble, on cherche des modèles de bassesses, et l'on forme des secrets désirs pour que nos meilleurs amis s'avilissent, afin que nous n'ayons pas trop à rougir en nous avilissant nous-mêmes. C'est ce qui est arrivé sous le régime de la terreur.

***

Chénier (1) et son amour-propre vivent si bien ensemble qu'ils donnent l'idée d'un bon ménage.

Fo 297.

***

Voltaire (2) fait de la poésie à la bougie, mais *Virgile* en fait aux rayons du soleil.

Fo 297 (V.).

***

Paris avec Millevoie sous le portique des Thuileries.

***

Aux pieds de Jupiter, dans son divin domaine,
Sont deux tonneaux profonds où sa main souveraine
Plonge la coupe d'or qui puise tour à tour
Et les biens et les maux du terrestre séjour.

(Mill.).

Son orbe étincelant s'agite dans la foule
Et son glaive décrit un orbe étincelant.

(Chêned.).

Son orbe étincelant fait rejaillir la mort.

(Mill.).

Sur le marbre mourant fait pleurer la douleur.

(Chêned.).

Et plus rapidement autour de ces demeures
...monte et descend le char léger des heures.

(Mill.).

Ces vers ont été faits dans le sommeil, ils sont aériens et vaporeux.

***

Fo 298¹.

Mon odorat charmé boit le parfum des fleurs.

(Mill.)

Et mon œil dans la nuit boit les pavots humides.

(Chêned.)

Et son regard soutient le regard du soleil.

(Mill.)

(1) Marie-Joseph Chénier.
(2) Le mot est de Rivarol.

* * *

Je trouve un charme aux vents qui grondent sur nos têtes
Et j'aime à respirer le souffle des tempêtes.

(Chêned.)
Fᵒ 298².

* * *

La Fontaine

La Fontaine s'est placé sur les limites des deux langues, et il s'est approprié les doubles trésors de la langue ancienne et moderne. Voilà pourquoi il est si riche en tours naïfs, en expressions pittoresques.

Fᵒ 298 (V.)

* * *

Sur un mince cristal l'hiver conduit vos pas,
Le précipice est sous la glace,
Telle est de vos plaisirs la légère surface,
Glissez, mortels, n'appuyez pas.

* * *

1815

Dans l'âge de l'ambition, on est forcé de s'attacher aux hommes pour réussir. Mais dans un âge plus avancé, on se détache des hommes, et on revient avec transport à la nature. C'est alors qu'on se plaît à la campagne et qu'on se fait laboureur avec délices.

(Arch. du Coisel.)

*
* *

1816

12 octobre.

Les femmes sont comme les femelles des animaux qui n'ont de
tendresse pour leurs enfants que pendant le temps de l'allaitement.

** **

17 octobre.

Aujourd'hui, je me promenais sur le rocher des Cordeliers (1);
c'est là que je me rends ordinairement quand je veux me redonner
une idée des Alpes. L'endroit est très sauvage, très pittoresque.
Je n'ai qu'à aggrandir (*sic*) l'échelle et tout de suite je m'y retrouve
en présence d'une partie des Alpes. J'ai vu voler *à* mes côtés
un corbeau de la grande espèce, qui est venu se placer à quatre
pas de moi, sur la pointe d'un rocher. Ses ailes d'un noir de geai
brillaient comme l'argent nouvellement poli, réfléchissant les
rayons du soleil. Je l'ai contemplé longtemps, et bientôt par une
exagération poétique, agrandissant la sphère, j'ai cru voir en lui
un aigle des Alpes. J'ai répété les vers de Fontanes :

> Les aigles planent près de moi
> Et je partage leur empire.

J'ai eu là un moment d'inspiration poétique et je me suis
cru vraiment dans les Alpes ou dans le Jura.

(Arch. du Coisel.).

** **

---

(1) Emplacement de l'ancien couvent des Cordeliers de Vire à l'entrée de la vallée
des Vaux. C'est là que Chênedollé commença ses études.

1817

Janvier.

Dans *René*, Chateaubriand a caché le poison sous l'idée religieuse ; c'est empoisonner avec une hostie.

Fº 299 (V.).

***

L'humilité du poète

Malheur à celui qui croit voir la perfection dans ses ouvrages. Virgile croyait toujours voir la perfection assise sur un autre rivage, et l'océan entre eux deux. La perfection doit toujours nous apparaître comme un fantôme éloigné dans un vague horizon.

***

L'art doit se donner un but qui recule sans cesse.

Fº 398 (V.).

***

Coucher de soleil

L'œil se caressait « à le regarder, c'était une couleur si douce, si suave ! C'était un mélange de lumière, d'opale et d'azur, tout cela mêlé et fondu si doucement que cela formait une nuance d'un charme inexprimable » : ce devait être là comme le disait si bien Mᵐᵉ de *Caud*, la *couleur* de l'*Olimpe (sic)* (1).

Fº 399.

***

(1) 16 septembre, 9 heures ½ du soir « 1817 ».
Il a fait une journée aussi belle, aussi chaude, aussi brûlante qu'hier, et voilà une soirée tout aussi admirable. Le ciel surtout, ce soir, après le coucher du soleil, était d'une beauté suprême ; l'œil se caressait à le regarder. C'était une couleur si douce, si suave ! un mélange de lumière, de blancheur, d'opale et d'azur, tout cela fondu dans une teinte d'un charme inexprimable : ce devait être là, comme le disait si bien Mᵐᵉ de Caud, la *couleur de l'Olympe.*

Sainte-Beuve, t. II, p. 250 (note).

1818

5 août [5 août 1862].

Il y a aujourd'hui 16 ans que je rentrai à Vire après un exil de 11 ans. Quel jour !

Fo 258.

***

Coisel, 7 octobre.

Lord Byron est le Chateaubriand anglais, avec cette différence que Lord Byron écrit en vers. Or, le vers est l'instrument avec lequel on élève l'édifice de l'imagination à sa dernière hauteur : c'est le complément de toute pensée et de toute image. Il n'est donné qu'au vers de faire d'une pensée un colosse, et de donner à une image les dimensions d'une pyramide d'Egypte. La prose n'a pas de tels pouvoirs.

***

Millevole *(sic)*

8 octobre.

Millevoie est mort attelé à un poème d'*Attila* et à une traduction en vers de l'*Iliade.*

Fo 490.

***

9 octobre.

La conversation est le berceau de la pensée.

***

Quatremère (1)

9 octobre.

Avec la plus grande douceur avait un sourire féroce. Il avait les yeux et le sourire d'un arabe. Quelquefois son œil féroce brillait comme un éclair sur son visage...

***

Diderot

Diderot n'écrivait bien que quand il avait été électrisé par une conversation chaude.

---

(1) Quatremère (E.), orientaliste (1782-1857).

* * *

9 octobre.

La saison la plus favorable à la poésie est l'automne. C'est dans cette saison que l'imagination est dans sa plus grande activité. C'est en automne que Milton, Thompson et beaucoup d'autres poètes étaient dans la plus grande effervescence poétique. « Je suis aussi dans le même cas. »

* * *

L'hiver est la saison de la pensée : c'est la saison de la méditation, des pensées graves, fortes, profondes. C'est alors qu'il faut écrire sur la philosophie, la politique, les théories littéraires. Au printemps, l'homme est tout entier aux objets extérieurs. Il est dominé par les sensations. Il ne peut ni penser, ni comparer. En été, l'âme est sans éréthisme, c'est le temps de l'épuisement et du repos. Fº 492.

* * *

Essai

12 octobre.

Enfin, le ciel et la terre s'abandonnent à toute la fougue de l'autan, qui, irrité par les hauts rivages de la Germanie, la profondeur des fleuves, et l'immense armée des nuages, et rendu plus terrible encore par le voisinage et l'âpreté des plages boréales, brisa et dispersa les vaisseaux dans les gouffres de l'océan, ou les fracassa contre des écueils cachés, ou contre le flanc des îles hérissées de rochers escarpés.

* * *

La vérité

La vérité n'est que le résultat de cent mille erreurs.

* * *

27 octobre.

Je voyais autour de moi tous les horizons chargés de pluie. Le Dante et Milton ont ouvert dans la poésie épique des horizons extraordinaires. Fº 492 (V.).

* * *

Les arbres

Les branches sont les bras de l'arbre. Si on les lui retranche, c'est comme si on coupait les bras à un homme. Ce n'est plus qu'un cadavre. Cf. Castel.

* * *

Paysan et homme du monde

J'aime mieux la franchise grossière d'un paysan que l'affectation sans esprit d'un homme du monde. Fº 493 (V.).

*
* *

Les femmes

Les femmes n'aiment les hommes que tant qu'ils les amusent et les intéressent comme amans.

F° 494 (V.).

*
* *

Paysage

Ce soir, le coucher était admirable : les nuages frappés des derniers rayons du soleil se mariaient aux montagnes et les enflammaient en s'y reflétant, et les transformaient en volcans en éruption.

*
* *

Les montagnes se détachent admirablement sur leur fond de vapeurs et se découpent sous les feux du couchant.

F° 495.

*
* *

Les chefs

Les hommes qui sont à la tête du gouvernement ou des armées doivent s'exprimer d'une manière laconique et froide pour montrer qu'ils voient froidement les choses et qu'ils leur sont supérieurs.

*
* *

L'éloquence

L'éloquence d'un homme prouve qu'il est dominé par les choses et par les événements, et voilà pourquoi elle agit si fortement sur le peuple qui est toujours près de l'admiration ou de la crainte, et qui ne sait résister ni au despotisme des choses, ni à celui de la parole.

F° 495 (V.).

*
* *

Genève

Rien n'approche de ce bel encadrement de montagnes qui forment le bassin du lac de Genève (1).

F° 497.

*
* *

Les montagnes

Il y a dans les montagnes de ces coups de lumière qui s'ouvrent brusquement, comme un changement de décoration à l'opéra, et qui sont d'un effet admirable.

---

(1) Chênedollé séjourna en Suisse de 1797 à 1799.

***

Rivarol

Rivarol vise trop à donner un piédestal à toutes ses pensées.

***

Les vieux magistrats haïssent l'éloquence et l'esprit

Ils sont accoutumés aux arrêts et aux sentimens qui sont l'expression de la puissance, et ils ne voient que les formes matérielles de la force.

***

Les vieillards ne trouvent plus de livres intéressants

Il en est de leurs idées comme de leurs passions, les unes et les autres sont émoussées, et il est aussi difficile de parler à leur imagination qu'à leur cœur.

F° 498.

***

Les faits dans la vie

Ce sont les événemens qui placent des pierres numéraires sur la route de la vie : une vie très occupée passe très rapidement et laisse de longs souvenirs ; une vie uniforme et monotone s'écoule lentement et s'efface avec rapidité. Elle n'est rien pour la mémoire.

***

Les vieillards

Les préjugés des vieillards sont irrévocablement arrêtés : rien ne peut les faire changer ; cette fixité des idées qui est admirable quand elles sont justes et vraies, est insoutenable quand elles sont fausses.

F° 498 (V.).

***

La Suisse ne peut prospérer qu'à l'abri de la neutralité.

« Il ne faut considérer la Suisse que comme un grand bastion opposé vis-à-vis la France pour défendre la double porte de l'Italie et de l'Allemagne : ce n'est que cela. »

***

La chasse

doit être défendue au paysan parce qu'elle le rend *assassin* ; elle peut être permise dans un petit Etat ; mais dans un grand, cela est impraticable.

F° 499.

*
* *

La passion et l'intérêt

sont la lunette au travers de laquelle les hommes considèrent les plus grands événements.

F⁰ 501 (V.).

*
* *

Plutarque et Machiavel

sont les deux hommes qui ont eu le plus de bon sens ; ils marchent toujours appuyés sur des faits.

F⁰ 502.

*
* *

Les Lémanois

sont stupides à force de prévention en faveur de leur pays..., ils ne voient que leur petite ville et leurs petits usages. On n'a pas en France, disent-ils, cette commodité pour apprendre à nager. Tous les empires l'auraient s'ils n'étaient pas plus grands que le Léman !

« C'est une chose trop insoutenable qu'un homme qui n'a jamais vu que sa petite ville, et qui a pris toutes ses mesures sur cette petite échelle. Ça me scie le dos ! »

F⁰ 502 (V.).

*
* *

L'amitié

Sépare-toi de tes ennemis et sois en garde avec tes amis.

L'ami fidèle est une puissante protection, et celui qui l'a trouvé a découvert un trésor, il n'y a rien qu'on puisse recevoir en échange.

N'abandonne pas un ancien ami, car le nouveau ne l'égale pas. L'ami nouveau est comme le vin nouveau : quand il est vieux, tu le bois avec plaisir.

Celui qui fait des reproches à son ami rompt l'amitié ! Quoique tu ayes (*sic*) tiré l'épée contre ton ami, ne perds point l'espérance, car il y a moyen de rentrer en grâce. Quoique tu aies ouvert la bouche contre ton ami, ne crains point, car il y a moyen de se réconcilier. A moins que tu ne lui fasses des reproches, que tu en agisses avec orgueil, et que tu aies révélé son secret, ou que tu lui aies porté quelque coup en trahison. Car pour toutes ces choses-là, tout ami s'enfuit.

*
* *

Cicéron est le premier qui ait observé que l'amitié augmente le bonheur et diminue la misère.

*
* *

Généalogie de la bonne plaisanterie

La vérité est la mère et le bon sens le père : l'esprit est leur fils légitime.

F⁰ 503.

***

Boutades

Je voudrais me faire un bail de tranquillité, c'est là désormais à quoi je m'abandonne, car j'avoue que ma tête ne s'accommode nullement de ces incertitudes et de ces oscillations éternelles Je ne suis qu'au 29 mars de votre existence.

***

Elle est bête, laide et méchante : méchante de caractère et non d'esprit, ce qui ne se pardonne pas.

***

Je brise sur ce chapitre.

F⁰ 504.

***

Marius est très massif

Le mot le plus sublime de l'antiquité est celui-ci : « Va dire à Rome que tu as vu Marius assis », etc. Quel spectacle que ces deux grandes ruines assises l'une sur l'autre.

***

Les hommes

portent leur petite échelle sur toutes les idées et sur tous les sentimens, et ils blâment tout ce qui est hors de leur mesure.

***

Les Grecs

Les Grecs ont un *positif* de grandeur étonnant.

F⁰ 505.

***

La métaphysique la plus déliée se trouve dans le langage

Le verbe est une conception magique, car ses temps expriment les regards les plus déliés de l'esprit.

***

Les femmes libertines

ont toutes le cœur mauvais. Mme de Crouzas a épousé en seconde noce M. de Montolieu qu'elle a pris pour sa fortune. Aujourd'hui, il est tombé en paralysie. Voici la pitié qu'elle a : « Mon pauvre Montolieu qui est aujourd'hui imbécille (*sic*) dans

son lit a été aimable. » Quel ton catin. Voilà les femmes. Quand
on n'est plus instrument de leur plaisir, elles méprisent (1).

F° 505 (V.).

***

Genève, Berne et Zurich

Il n'y a rien de plaisant comme de voir Genève, Berne ou
Zurich qui se croyent (*sic*) apellés (*sic*) à jouer le rôle de Sparte
et d'Athènes. Les petits bourgeois de ces petites républiques
raportent (*sic*) tout à leur petite échelle : ils voyent (*sic*) ce point
qu'on nomme Genève comme un monde et ils ne voyent le monde
que comme un point. L'Angleterre, la France, la Russie, la Chine,
ne sont rien à leurs yeux. Il n'y a (que) Genève ou Berne d'im-
portant.

***

Dieu

Je sens ce que c'est que Dieu, et quand je veux le dire, je ne sais
plus ce que c'est.

***

Induit in florem

L'arbre se rajeunit et s'habille de fleurs.

F° 506.

***

Paul Ier n'est point plaisant

Il s'est fait le chevalier de la coalition. Cet homme-là sent
tout le poids des choses positives. Il fait peu de métaphysique,
mais il marche droit à son but. La raideur et l'inflexibilité de ses
opinions lui tiennent lieu de génie.

F° 506 (V.).

***

Mots sublimes

La fierté fait un désert autour d'elle.
La destinée n'est que la loi émanée de Dieu.

Platon.

***

Mot sublime

Dieu explique le monde et le prouve. Mais l'athée nie Dieu en
sa présence. — Rivarol.

***

F° 507.

Hobbes

La mort, dit Hobbes, est *saltus in umbrâ* : un saut dans l'ombre.

---

(1) Chênedollé parle assez légèrement de Mme de Montolieu, sa bienfaitrice pendant
l'exil.

[*]

« Vous croyez donc que les déplaisirs et les plus mortelles douleurs ne se cachent pas sous la pourpre, et qu'un royaume est un remède universel à tous les maux. » — Bossuet.

Fo 507 (V.).

[*]

Nihil est ab omni parte beatum.

Fo 508.

[*]

Anecdote

Le comte de Charolais : « Marquis de Rabodange, je sais que vous avez vu une femme que j'aime, je vous défends de la revoir ou je vous brûle la cervelle. — Alors, suffit, Monseigneur. » Le soir, le marquis de Rabodange va coucher avec cette femme. A minuit, le comte de Charolais entre. Le marquis saute du lit, prend ses pistolets et dit au comte : « Monseigneur, je vous livre la place, mais vous prendrez un flambeau, vous m'éclairerez et vous me reconduirez jusqu'au bas de l'escalier. » En disant cela, il lui apuyait (*sic*) le bout du pistolet sur le front. Le prince fut obligé de prendre le flambeau et de reconduire le marquis qui lui tenait le pistolet toujours appuyé sur le crâne. Arrivé au bas de l'escalier, le marquis dit : « Ah ça, mon prince, je vous remercie, je vous souhaite une bonne nuit, adieu. » Il part et laisse le prince pétrifié. C'est excellent, c'est sublime. Quelle verve d'ironie, et comme cette plaisanterie est âcre.

Le prince de La Trémouille a une tournure écrasante.

Fo 509 (V.).

[*]

Mme Dacier (1)

Le seul moyen de plaire à Mme Dacier était de lui faire un sonnet en vers grecs.

[*]

Chamfort

Chamfort fut ingrat : Il devait tout aux grands et il s'arma du bienfait contre les bienfaiteurs.

[*]

Le Staëlisme

Le jargon de Dorat et de Voisenon avait succédé au marivaudage. Aujourd'hui, c'est le *staëlisme* qui est à la mode.

[*]

Systématisation

Il est bon de lier ses idées et d'en faire un système (*sic*), mais

(1) Mme Dacier, helléniste et latiniste distinguée (1651-1720).

il faut savoir au besoin détacher des anneaux et ne pas toujours traîner sa chaîne avec soi, car ça fait du bruit.

Fo 510.

****

Fontanes

Fontanes n'a pas de jet dans la conversation.

****

Il y a du calme dans cette tête-là au dedans comme au dehors. Calme dans les idées et harmonie dans la physionomie.

Fo 510 (V.).

****

Le système de Descartes sur le machinisme des bêtes

Le système de Descartes sur la machinisme des bêtes n'est qu'un roman très ingénieux, comme celui de Liebnitz sur l'harmonie préétablie. Hypothèse où l'âme et le corps joueraient le rôle d'une horloge dont l'une marquerait les heures et l'autre les sonnerait. Dans ce système l'âme serait le cadran et le corps la sonnerie.

Fo 511.

****

La noblesse

MM. de Liaucourt, Lauzun, Noailles, Depoix, Narbonne n'ont embrassé la révolution que pour continuer à être quelque chose. Les autres grands ont suivi le parti royaliste parce qu'ils espéraient renverser la constitution. Tous n'ont suivi ou cru suivre que leurs intérêts.

Fo 512.

****

Le pape

Quel spectacle de voir le pontife de la religion chrétienne traîné à 86 [ans] prisonnier en France et déposé dans un hôpital. O Providence tes jugemens sont impénétrables.

. Fo 514.

****

Les révolutions

L'homme ne voit les révolutions qu'au travers de ses passions : C'est avec sa lunette particulière qu'il juge de tout ; il ne voit que le coin de son égoïsme... Ainsi, pourvu que l'émigré rentre dans sa petite possession, il lui impoite peu que le sang de 600.000 hommes coule, ou que la France soit déchirée, démembrée et anéantie...

****

Les femmes

Ce n'est pas tant le bonheur d'être aimé d'un homme que le

plaisir d'écarter une rivale qui cause la jouissance d'une femme ; elle triomphe plus vivement par l'humiliation et le dépit de sa rivale, que par l'amour et la tendresse de son amant.

Fo 514 (V.).

* * *

Jacobins et aristocrates

Les Jacobins sont si atroces et les Aristocrates si bornés, qu'on se sent de l'horreur pour les premiers et de l'indifférence pour les seconds. Si ce mot était connu il suffirait pour me perdre. La vérité est odieuse et le mépris doit être le plus mystérieux de nos sentimens.

Fo 515 (V.).

* * *

Virgile, Horace, Racine

sont des eaux spiritueuses qui réveillent ma pensée quand elle est épuisée par le travail, je les respire et voilà mes forces rétablies.

* * *

Le cardinal Bentéroglio (1)

a été un des hommes les plus spirituels d'Italie. Il y a de lui une foule de mots heureux : « Il faut voir les Anglais lorsqu'on veut penser et les Français lorsqu'on veut converser. »

Fo 516.

* * *

Le lac de Genève

Les scènes tranquilles du lac de Genève apartiennent (*sic*) au beau. Ici les montagnes vues dans le lointain ont perdu leur âpreté et leur ton sauvage et ne servent plus que comme encadrement.

Fo 516 (V.).

* * *

Arnault (2) et Legouvé (3)

Arnault trame une tragédie pour cet hiver et Legouvé nous menace d'un drame de sa façon.

* * *

Rivarol

a reçu son cœur en esprit. Rivarol manque de mélancolie, il n'a pas d'enchantemens dans l'âme.

---

(1) De la grande famille italienne.
(2) A.-V. Arnault, poète tragique et fabuliste (1766-1834.) Auteur de *Mémoires*, condisciple de Chênedollé à Juilly.
(3) G. Legouvé (1764-1812), auteur du *Mérite des Femmes*.

* * *

Ducrey (1)

est le crieur juré du Parnasse.

* * *

Vigée (2)

faisait la classe dès le ventre de sa mère.

* * *

Virgile et Delille

Virgile faisait des vers sur ses plans, et Delille a fait des plans sur ses vers. Son dernier poème n'est qu'une mosaïque, il a tiré au hasard les morceaux qu'il avait dans son portefeuille et il a cherché à leur donner un lien ; mais à chaque instant on apperçoit (*sic*) le point de suture.

F° 517.

* * *

Révolution

Dans un temps de révolution, le Goúvernement ou ce qui en tient lieu prend l'inverse du grand *principe de la conversation* et il croit ne pouvoir régner qu'en détruisant.

A mesure que l'Empire remonte de *l'état de révolution à l'état social*, le principe du gouvernement change : il sent qu'il ne peut régner qu'en conservant.

F° 520.

* * *

L'automne

L'automne est poétique. Un ciel serein et sans nuages, une belle prairie, un ruisseau limpide sont des objets qui peuvent plaire un moment mais qui n'attachent pas long temps (*sic*), on demande bientôt le ciel grisâtre et nébuleux de l'automne, les forêts jaunies et à demi dépouillées, le rocher caverneux avec ses vieilles mousses et ses longues graminées ; ce sont tous ces objets qui donnent la couleur poétique. Un ciel d'azur avec un beau soleil est très peu poétique. Il n'y a de poésie que dans le sombre et le mélancolique

* * *

Les mousses

Les mousses sont destinées à parer la vieillesse de l'année et à couvrir le cercueil de la nature.

F° 522

---

(1) Ducrey Duménil, écrivain né à Paris (1761-1819).
(2) Vigée (1768-1820), auteur de poésies fugitives.

***

Buffon a manqué de tendresse dans l'imagination

Il n'a saisi que le côté extérieur des animaux. Rarement il a su rendre leurs mœurs et leurs instincts, et il a toujours manqué le trait de sentiment, comme celui de l'aveugle dans le portrait du chien, d'ailleurs si admirable. C'est qu'il n'avait pas de religion.

Fᵒ 522 (V.).

***

10 décembre.

La nuit passée le 21 janvier (probablement en) (1) 1795 en fuyant l'armée française sur la mer glacée en Hollande, sensations extraordinaires que j'éprouvai dans cette nuit terrible (2).

***

(1) Cette note est de la main du fils de Chênedollé.
(2) Chênedollé s'enfuit à Hambourg en 1795 par la Mer de glace.

1819

Mars.

Quatre ouvrages, au sortir du collège, me frappèrent extraordinairement. D'abord la *Nouvelle Héloise* que je lus en 1788 ; ensuite Buffon que je lus chez le curé de Saint-Martindon dans l'hiver de 88 à 89 et l'*Emile* que je lus au commencement de 1790...avec des transports et des palpitations de plaisir et d'admiration. Je me rappelle surtout d'avoir lu le fameux morceau de l'*Emile* sur la nécessité de mesurer ses *désirs* (1), sur ses facultés, avec un ravissement tel que j'en éprouvai une vraie suffocation et que je fus près de me trouver mal. Je vois encore d'ici l'endroit où je fis cette lecture : c'était dans une allée de tilleuls qui conduisait au petit bois de la Giletière et qui n'existe plus. Le quatrième ouvrage que j'ai lu avec délices, sont les *Etudes de la nature* qui me charmèrent presqu'autant que l'*Emile* ou l'*Héloïse*, et où je trouvai même des choses qui me parurent plus neuves, plus inattendues.

F° 98

***

16 mars.

Il faut peindre dans un petit ouvrage les sensations d'enivrement que j'éprouvai le 1er printemps que je passai au Coise (1789) en sortant du collège. Avec quelles délices j'errais dans les champs et les prés. C'est là que j'ai lus (*sic*) Bernis, le *Jérusalem*, l'*Héloise* de Jean-Jacques avec délices. Toutefois je ne sentais pas encore un très grand besoin de peindre ce que j'avais sous les yeux et je voyais la nature plutôt encore dans les poètes que dans elle-même.

F° 258

***

Je ne me rappelle jamais sans le plus touchant intérêt, une après-midi de janvier 1789 que je passai dans les champs de Saussai à lire les *Idylles* de Gessner par un beau jour de gelée et de soleil : la terre était couverte de neige et il faisait très froid mais le soleil était superbe ; je passai deux heures au pied d'un fossé à l'abri du vent à lire Gessner. J'ai rarement éprouvé un plaisir aussi vif, un enchantement pareil à celui-là... J'eus le sentiment de la poésie au plus haut degré (2).

---

(1) Chênedollé avait d'abord écrit ses besoins.
(2) Sainte-Beuve : *Chateaubriand et son Groupe*, t. II, p. 151.

* *

C'est chez le curé de Saint-Martindon (décembre 1788 et janvier 1789) que je jetai la première fois les yeux sur les œuvres de Buffon. Je ne puis dire à quel point je fus frappé, ravi, de ces admirables descriptions ; je ne connaissais de ce grand écrivain que le portrait du cheval et une partie de celui du chien que j'avais vu cités dans les notes des *Géorgiques* de l'abbé Delille. Le ~rtrait complet du chien, la peinture des déserts de l'Arabie, ι description du paon, me jetèrent dans l'extase ; j'y rêvais nuit et jour. Je les appris par cœur, et depuis ce temps je les ai toujours retenus (1).

* *

Jamais aucune lecture ne m'a autant charmé que l'*Arcadie* de Bernardin de Saint-Pierre. Ce fut ma première lecture à mon retour du collège ; je la fis en toute liberté, errant dans la campagne. Je fus ravi, transporté, et, dans la naïveté de mon enthousiasme d'écolier, j'écrivis à Bernardin toute mon admiration pour son talent, et le priai sans plus de façon en m'appuyant du titre de compatriote, de m'envoyer le manuscrit de la fin de l'*Arcadie*. Toute ridicule que fut cette lettre, Bernardin cependant y vit sans doute quelque chose, car il répondit, mais avec son ironique bonhomie :

« Je sens tout le pouvoir magique de ce mot *Neustrie*, et ce nom
« de compatriote est bien doux à mon cœur, mais fussions-nous
« nés sous le même pommier, je ne pourrais répondre à votre
« désir sur l'article des fragments de l'*Arcadie* qui ne sont pas
« publiés ce sont trop choses délicates pour être ainsi confiées à
« la poste, et vous saurez peut-être un jour jusqu'à quel point
« va la délicatesse et la susceptibilité d'un auteur. »

Cette lettre me fit grand plaisir, mais j'avoue que je fus un peu piqué de son : « *fussions-nous nés sous le même pommier.* » Je le gardai longtemps sur le cœur (2).

F° 258.

* *

---

(1) Sainte-Beuve : *Chateaubriand et son Groupe*, p. 151.

(2) Sainte-Beuve : *Chateaubriand et son Groupe*, p. 151 et 152.

1820

J'ai relu aujourd'hui *Esther* de Racine et j'ai été confondu de la suprême beauté de ce style-là ! Quel réveil après un sommeil de douze ans ! Quel charme ! Quelle énergie ! Quelle grâce, quelle mélodie ! Il n'y a pas un vers, pas un mot, je dirais pas une syllabe qui n'ait une grande instruction poétique, et qui n'aille retentir au fond des âmes faites pour sentir cette divine poésie.

F° 263 *bis.*

⁎⁎

13 mars.

Parallèle de la *volupté*, de l'*ambition* et de la *passion du jeu* ; « les trois plus tyranniques passions qui puissent gouverner l'homme ; il faut y joindre l'avarice. »

⁎⁎

Différence entre l'avarice et la volupté

L'avarice s'allie très bien avec la raison et la volupté la renverse complètement ; c'est dans toutes les passions, celle qui enlève l'homme le plus complètement à lui-même et le prive entièrement de la raison. Toutefois, je crois que les accès de la passion du jeu sont encore plus brusques et plus terribles..., ils agitent dans un instant l'âme dans les modifications les plus extrêmes et lui font parcourir avec la rapidité de l'éclair l'échelle des sensations les plus opposées en lui montrant presque à la fois l'extrême fortune et l'extrême misère, toutes les jouissances et toutes les privations, des monceaux de cet or qui est la représentation de tout et la hideuse misère avec un poignard et un pistolet.

F° 263 (V.).

⁎⁎

13 mars.

J'ai été si révolté de l'injustice et de la bêtise des journalistes envers mon dernier ouvrage que je ne veux plus rien faire paraître pour un public aussi sot, aussi stupide que ce stupide coquin qu'est Amar. C'est bien là le jugement d'un cuistre de collège. Je ne fais plus rien, je n'écris plus et je m'en trouve bien. Fi de la gloire et des beaux cercles de Paris. Je passe mes jours à la campagne, je me promène du matin au soir. Je travaille et je fais travailler. Je plante moi-même les arbres de ma cour et de mon jardin. Je suis sans cesse à la suite de mes ouvriers, je ne m'assieds pas une minute de la journée. Aussi je me porte à merveille. J'avais encore deux beaux ouvrages dans la tête, mais l'ingrat public n'en jouira pas.

F° 264.

***

13 mars.

Depuis Racine, il n'y a que Fontanes et moi qui ayons fait de beaux vers, des vers Raciniens (1). Et Delille donc ? Delille a fait les vers les plus brillants, les plus étincelants, mais ce ne sont pas là des vers de raison, c'est trop maniéré, trop artificiel, ce sont des vers luisans. Il n'y a que cinq hommes en France qui aient su faire les vers : *Racine, Boileau, La Fontaine, Fontanes et moi.* Voltaire en a fait de très pompeux, de très éclatans, mais il n'a pas de style en vers ; il ne connaît pas le *tissu* du style poétique, il a des vers et point de style. Il a été plus·près du haut style poétique dans *Mérope,* la *Mort de César, Sémiramis* et surtout dans *Rome sauvée* que dans la *Henriade.* La plus belle scène que je connaisse au théâtre, c'est celle de César et de Catilina dans *Rome sauvée* de Voltaire. C'est à mettre à côté de tout ce qu'il y a de plus beau, et même à côté de Mahomet et de Zopire. *Rome sauvée* est dans le théâtre de Voltaire ce que *Britannicus* est dans celui de Racine. C'est la pièce des connaisseurs.

F° 265.

***

Mai.

On pourrait dans ce moment appeler le jardin du Coisel le *jardin d'agréable fraîcheur.* Il est impossible de rien voir de plus riant, des gazons plus frais et plus touffus, de plus magnifiques lilas, une plus giande abondance de fleurs, des vergers plus riches et couverts de plus beaux pommiers et cerisiers. Les rossignols ont voulu encore une fois enchanter la solitude du poète : jamais les concerts des oiseaux n'avaient été si doux (2).

***

12 septembre.

Il y a aujourd'hui vingt-trois ans que nous partîmes de Berne pour le voyage des Hautes-Alpes. Nous allâmes coucher à Interlaken. C'est là où j'eus pour la première fois la sensation des hautes montagnes. Le lendemain, nous nous rendîmes à Lauterbrunn. C'est dans ce voyage que j'ai joui le plus complètement de mon être et que j'ai été enlevé le plus parfaitement à toutes les misères, à tous les soins, à tous les chagrins de la vie (3).

***

Descente du glacier de Grindelwald

Après avoir côtoyé pendant plus de deux heures un grand bois de sapin qui couvre la base du Schreick-Horn, nous descendîmes dans le glacier, et nous nous trouvâmes sur la mer de glace. Il est

(1) Sainte-Beuve, t. II, p. 186.
(2) Sainte-Beuve, t. II, p. 150.
(3) Sainte-Beuve, t. II. p. 189.

impossible de se faire une idée des sensations qu'on éprouve en descendant dans ce lieu. Les idées d'épouvante, de solitude, d'isolement absolu, vous investissent de toutes parts et vous font frissonner. Le glacier a la forme d'un immense fer à cheval. Tout ce rempart est de granit, revêtu dans son pourtour semi-circulaire d'une couche de neige et de glace de plusieurs centaines de toises d'épaisseur. C'est le fond de ce glacier surtout qui est effrayant. Il semble que ce soit là les bornes du monde. Il donne l'idée de ces effroyables glaciers du pôle au delà desquels il n'y a plus rien. Jamais les idées de stérilité, d'isolement absolu, de terreur, ne m'ont frappé avec autant de puissance que dans ce lieu. Tout y est immobile, tout y est mort ; c'est le tombeau de la nature. L'affreux silence de ces lieux n'est interrompu que par le bruit affreux des avalanches, qui roulent comme des tonnerres sur le flanc des glaciers, et dont les neiges brisées s'élèvent en brumes épaisses, semblables aux fumées d'un grand incendie. Nous entendîmes quelques coups de foudre sur les cimes des rochers qui forment le fond du glacier au midi. Je ne puis dire à quel point ce tonnerre, grondant sur ces hautes cimes, et dont les éclats en se mêlant au bruit des avalanches allaient se perdre et mourir sourdement dans l'enfoncement du glacier, était effrayant et sublime. Le fond sur lequel nous marchions est digne de la scène de terreur qui nous environnait. C'est une vaste mer de glace traversée en sillons brisés, et en tous sens, de larges crevasses de couleur bleue, et hérissée d'espace en espace de hautes pyramides. Au travers de ces fentes énormes, nous apercevions le torrent du glacier qui roulait sous nous avec fracas à plusieurs centaines de pieds de profondeur. On n'avait d'autre vue de la terre habitée que par l'entrée du glacier qui nous laissait une étroite échappée de vue sur la vallée de Grindelwald. C'est là, c'est dans cet abîme de beauté et d'horreur que nous passâmes plusieurs heures à sentir, à nous exalter, à nous récrier d'admiration, et à nous enivrer d'enthousiasme et d'épouvante (1).

****

---

(1) *Génie de l'Homme.* Notes du chant II. Œuv. compl., p. 172 et 173.

1821

Conversation de Chênedollé et de Fontanes

Fontanes « : Lorsque j'étais grand maître, je trouvais presque toujours quatre heures pour la littérature avant d'ouvrir mon cabinet. »

. . . .

« Il avait une rectitude d'esprit et de jugement qui lui faisait discerner comme par instinct dans les doctrines et dans toutes les situations sociales. Cette rectitude lui donnait une solidité de caractère peu commune dans les occasions lés plus critiques. »

Citée : *Conversation entre Bonaparte et Fontanes.*

— Eh bien, M. de Fontanes, pensez-vous toujours au duc d'Enghien ?

— Sire, je vois que vous y pensez vous-même (1).

* * *

Mot de Fontanes

« Sur douze mois de l'année, j'étais huit mois entre ma chaire de grand maître et le donjon de Vincennes. »

* * *

Jugement de Chênedollé

« Ses discours comme président du Corps législatif assurent à son caractère une juste célébrité. »

* * *

Anecdotes

A l'inauguration des drapeaux d'Iéna au Corps législatif, Bonaparte avait mis de sa main dans le premier Bulletin de Berlin, après avoir outragé la reine de Prusse, cette phrase amère : « Cette noblesse prussienne, je la réduirai à mendier son pain. »

Fontanes, dans son discours, relève les vaincus et ajoute : « Le peuple le plus brave peut se lasser de la gloire. »

Aux premiers jours du Consulat, Eloge de Washington : « Il donnait des larmes à la mémoire de l'infortunée Marie-Antoinette. »

F° 273.

---

(1) L'anecdote est rapportée par le chancelier Pasquier, dans ses *Mémoires,* t. I, p. 209.

*
* *

Mots énergiques et pittoresques

Un jour, nous le trouvons seul dans son cabinet, le coude appuyé sur la table. C'était en 1813 : « La société, dit-il, ne marche plus qu'à coups de bâtons, et nou; allons dans Babylone..., je le lui dis tous les jours (1). »

F° 274.

*
* *

Fontanes regrettait-il de n'avoir pas été rendu à l'Université ?

« En 1821, comme en 1813, lorsque l'ordonnance du 17 février allait être rendue : « J'ai été grand maître quand je ne pouvais que neutralyser le mal. Aujourd'hui, on a tort de détruire en mutilant une Institution est nécessairement monarchique. »

En 1821, il ne désirait pas personnellement son retour aux fonctions de grand maître, mais il les eût acceptées aux acclamations de l'Université et il le savait bien.

F° 274².

*
* *

Fontanes

Hélas ! pourquoi maintenant rappeler les souvenirs qui viennent se perdre dans un tombeau ?

« L'année dernière, dans ses jardins de Courbevoie, il nous parlait de la religion en homme d'Etat, en philosophe éclairé, en homme de bien. »

. . . .

« La religion a fortifié, consolé ses dernières douleurs, sa famille et ses nombreux amis. »

Nous avons quelques raisons de croire inexacts quelques détails

(1) Armand Joubert dans une lettre à Joseph Joubert raconte la première entrevue de Fontanes avec Bonaparte :

5 avril 1801.

... Arrivé dans le salon, Bona...te voulut lui parler littérature. Il lui fit quelques questions qui le couvrirent de honte et de confusion tant elles annonçaient d'ignorance. Est-ce donc là disait F. cet homme chargé des destinées d'un grand empire, cet homme sur qui reposent les vœux et les espérances de trente millions d'individus ? Il ne concevait rien à la gloire et à la réputation dont il le voyait environné. Bientôt après, Bona... te se mit à parler politique, négociation, législation, et Fontanes dit qu'il n'entendit jamais des choses plus profondes, mieux pensées et dites surtout avec plus de clarté, de précision et d'énergie Il leur parla pendant près d'une heure et demie sur ces différentes matières, sans chercher un seul instant le mot propre et le servant toujours sans avoir l'air de mettre la moindre importance et la moindre affectation aux choses qu'il leur disait. Ils étaient ravis d'admiration. Quant à moi, disait-il, à Font. en parlant de quelques hommes célèbres, je veux parcourir mon orbitte (*sic*) et n'en jamais sortir... Fontanes le quitta dans un véritable enthousiasme. Depuis, il n'en a pas entendu parler. Mais à la manière dont il en fut reçu et traité, pendant tout le temps qu'il y resta, il est impossible qu'il n'en reçoive pas bientôt quelque marque de souvenir... Voilà, mon cher ami, ce que j'avais à t'apprendre, concernant Bona... te. Maintenant, je vais te parler livres, mais pas aussi longtemps que je l'aurais désiré.

Lettre inédite. — *Communication de M. André Beaunier.*

qui ont été donnés dans un journal sur ses derniers vœux ; il ne nous appartient pas d'en dire davantage.

F° 274 (V.).

*
* *

21 mars.

La mort de M. de Fontanes a achevé de me désenchanter de tout, même des lettres et de la poésie, aussi vaines que tout le reste. Quand je repasse en ma mémoire les moments ravissants que nous avons passés ensemble en corrigeant (quand nous corrigions) les vers du *Génie de l'Homme* ou ceux des Odes, de *Michel-Ange* et d'*Homère*, quand je songe aux promenades délicieuses que nous avons faites en 1807 au bois de Boulogne, au bois de Vincennes, et qui étaient pour moi une suite d'études poétiques où je trouvais tout ce qui pouvait me fortifier et m'enchanter, critique fine et piquante, instinct poétique admirable, goût rapide et infaillible, mémoire imperturbable, citations variées à l'infini et toujours à propos, abondance intarissable d'images, d'expressions créées et de vers improvisés, faits de verve et de génie. — Quand je me rappelle tous ces souvenirs et que je songe que tout cela est perdu pour toujours, et que je ne retrouverai plus rien de tant de trésors, j'ai le cœur tellement serré et angoissé, que je n'ai plus de force ni de goût pour rien. J'ai tout perdu en perdant M. de Fontanes. C'était pour moi plus qu'un maître. C'était un ami, un frère littéraire. Avec quelle bonté, quelle patience, quel scrupule poétique il m'a aidé à corriger le *Génie de l'Homme* tout entier et quelques-unes de mes odes ! (Michel-Ange, Homère, le Dante) (1). Il ne laissait pas passer un vers faible sans le tourner et le retourner. jusqu'à ce qu'il fût aussi bien qu'il l'eût désiré pour lui-même. Il en faisait pour ainsi dire une affaire de conscience. Il aurait cru manquer à la délicatesse en laissant subsister une tache dans les vers qu'on lui soumettait. Je n'ai jamais vu d'homme plus éloigné de la jalousie littéraire et qui rendît une justice plus pleine et plus franche au talent. C'était pour lui un bonheur, un besoin. [Fontanes aimait la jeunesse, il aimait l'espérance (2)]. Tout ce qui annonçait du talent était sûr de trouver faveur et protection auprès de lui. Voyez avec quelle bonté il m'a accueilli ainsi que Chat., Victorin Fabre, Millevoye, Bruguière, Guéneau, etc. — Aussi, je ne l'oublierai jamais. J'ai eu la plus vive affection pour lui pendant sa vie, je la lui garde après sa mort. Sa mémoire me sera toujours chère ; je ne manquerai jamais une occasion de l'honorer, de le proclamer comme je le dois. Je serais le plus ingrat des hommes si j'oubliais un homme si aimable, d'un commerce poétique si attachant, un homme qui me fut si cher et à qui je dois tant. Rivarol, Chateaubriand et Fontanes sont les trois hommes de lettres que j'ai le plus aimés. La mort de Rivarol m'accabla, m'altéra plus profondément que celle de

---

(1) Sainte-Beuve a supprimé les titres des Odes de Chênedollé.

(2) Sainte-Beuve a ajouté ce passage au texte.

Fontanes, parce qu'elle était plus imprévue ; mais elle ne me laissa pas au fond de l'âme un regret plus amer et plus cuisant. Chat. est de tous les hommes de lettres celui que j'ai le plus aimé d'affection et de cœur. Rivarol m'a charmé davantage, mais je n'ai pas autant chéri sa personne [quoi que je l'aimasse beaucoup, je disais de lui : j'admire son talent et j'aime sa personne]. Je n'ai point connu de conversation littéraire plus débordante, plus vive, plus animée, plus pittoresque, plus fertile en heureuses citations et où il y eût plus de soudaineté que dans celle de M. de Fontanes. Celle de Rivarol était plus éblouissante, plus étincelante, mais non pas plus pleine, plus fertile et bien inférieure pour le goût.

[Ce n'est pas que Fontanes se préoccupât extrêmement du goût en causant] : autant Fontanes était sage et mesuré la plume à la main, autant il était animé, emporté, hasardeux dans la conversation, et d'une gaieté qui allait quelquefois jusqu'à la folie.

Fontanes était très aventureux dans la conversation, il s'y livrait à toute la vivacité de son imagination et obéissait à tous ses caprices, pour en connaître toute l'étendue et toutes les ressources, bien sûr d'en ramener et d'en soumettre tous les écarts au frein du goût lorsqu'il reprendrait la plume.

Fontanes faisait des essais en conversation : il tentait beaucoup afin de reconnaître toute l'étendue et les ressources de son imagination ; mais il reprenait toute sa mesure lorsqu'il mettait la plume à la main, et n'écrivait jamais que sous l'œil du goût le plus pur et le plus sévère.

[Tout n'est rien.

Ah ! que la mort doit être cruelle sur ces lits si voluptueux et si magnifiques, et dans ces chambres si richement décorées par le luxe. Il me semble qu'on ne doit pas avoir tant de peine à mourir sur un lit modeste, et dans un modeste appartement, tel qu'il convient au chrétien et au sage] (1).

* * *

La brusquerie de Fontanes se corrigeait par son sourire. Ce n'est pas dans les yeux, c'est dans le sourire, c'est dans les deux coins de la bouche que Fontanes avait une expression céleste. C'est par là que s'exprimait en lui l'inspiration du poète. Je l'ai vu une fois avec une figure inspirée et le rayon de feu sur le front (2).

* * *

25 mars.

Il n'y a plus de haute littérature en France depuis la mort de M. de Fontanes. C'était le *dernier des Grecs.* Lui seul soutenait la poésie et la belle prose sur le penchant de leur décadence. Il en était l'arbitre. *Arbiter elegantiarum.* Le goût, l'élégance, l'art des beaux vers, ont disparu avec lui, et personne ne se présente pour le remplacer. L'absence de M. de Fontanes est une perte irré-

(1) Fragment retranché par Sainte-Beuve.
(2) Sainte-Beuve, t. II, p. 285 à 288.

parable pour les lettres ; on ne retrouvera plus en France un homme né avec un sentiment aussi exquis de l'harmonie, avec un goût aussi pur, aussi élevé, avec une imagination aussi éminemment poétique, et un tel *grandiose*, dans la facture du vers.

Je ne connaissais rien de comparable à la conversation de Fontanes lorsqu'il parlait de littérature, de poésie, de vers avec une personne qui était digne de l'entendre et qui rendait un peu. Il fallait l'entendre surtout lorsqu'on lui soumettait un ouvrage où il y avait du talent, et qui lui plaisait. Avec quelle verve il corrigeait ! Que d'images, que d'expressions créées ! Que de vers entiers il vous fournissait sur le champ ! Son imagination poétique était vraiment inépuisable. Barthe, en arrivant chez lui, disait : « Je viens vous demander « de la matière poétique » ; et Barthe avait bien raison, car il en donnait tant qu'on voulait. Chose digne de remarque ! il avait plus de verve, plus d'abandon, plus d'entraînement, une plus grande profusion d'images etd'expressions lorsqu'il corrigeait pour un autre que lorsqu'il composait pour lui-même. L'idée extrêmement délicate et exaltée, extrêmement sévère, qu'il s'était faite du bon goût, le rendait un peu timide lorsqu'il prenait la plume en son nom, et il n'osait peut-être pas assez lorsqu'il composait pour son compte. Il était plus à l'aise lorsque l'ouvrage d'un autre lui servait de canevas pour y jeter ses brillantes couleurs et y prodiguer toutes les magnificences de la poésie.

Rappeler ce que me dit M. de Fontanes, la dernière fois que je le vis (24 juin 1820) sur Cicéron comme orateur. Il venait de relire la *Milonienne* qu'il jugeait le plus grand effort du génie oratoire, et il trouvait Cicéron bien supérieur à Bossuet ; il est plus riche, plus abondant, plus délié, plus adroit comme orateur que Bossuet. Il avait été confondu de l'oraison *pro Milone*.

— Nous avions surnommé Fontanes, Chateaubriand et moi, en riant, *le sanglier d'Erymanthe*, et cela peignait à merveille sa brusquerie et sa verve. Que de fois nous nous sommes arrêtés dans le jardin des Tuileries devant le sanglier de Calydon, en disant : « Voilà bien le portrait de Fontanes ! C'est lui lorsqu'il « s'appuie sur sa canne et qu'il en frappe la terre en disant : « — Eh ! vous croyez ça ? — Babylone ! Thèbes aux cent portes ! « — Londres n'est que la ville des marchands, ce n'est qu'un « grand comptoir. Paris est la ville des arts et des rois. Babylone ! « Thèbes aux cent portes ! — Voyez-vous Louis XIV assis sur « la plus haute des cheminées du palais de Versailles ? Le voyez- « vous qui commande à tout son siècle. » Et alors il faisait la description la plus vive, la plus animée, des merveilles de ce règne, des arts, des talens, des génies qui rivalisaient d'éclat et de grandeur (1).

F⁰ 375.

*
* *

(1) Sainte-Beuve, t. II, p. 288 à 290.

1822

A trente ans, nous nous sommes connus à Paris, Chateaubriand
et moi. Il arrivait de Londres, moi de Suisse. Nous étions tous deux
émigrés. Nous avions même âge, mêmes goûts, même amour de
l'étude, même désir de la gloire ; nous méditions tous deux de
grands ouvrages. Jusque là tout se ressemble. Pendant plus de
deux ans, nous ne fûmes presque pas un seul jour sans nous voir ;
mais bientôt nos chemins se séparèrent : notre fortune devint
toute différente..... (1).

*_**

Chateaubriand voulut d'abord la gloire, mais quand il eut la
gloire, il se donna à l'ambition. Et moi aussi, je désirais la gloire,
mais une gloire purement littéraire. L'ambition me faisait peur ;
je voulais une vie calme, paisible, coulée au milieu de mes enfants
et de ma femme, dans une riante et profonde solitude.

Fo 259.

*_**

Chateaubriand jetta bientôt un sourire de dédain sur sa gloire
littéraire et ne rêva que places, dignités, grandeurs. Il fut pair,
conseiller d'Etat, ambassadeur à Berlin, ambassadeur à Londres ;
il vient d'être nommé ministre extraordinaire du congrès de
Vienne.   Fo 259².

*_**

Le voilà au faîte des grandeurs. Est-il plus heureux que moi
dans mon obscure et riante solitude ? Je ne le crois pas. Au moins,
je ne lui envie pas ses grandeurs. Nous sommes partis du même
point, mais nous avons suivi deux carrières bien différentes.
Les routes ont été bien divergentes.

Fo 259³.

*_**

Ma liaison avec Chateaubriand rappelle celle de Pope et
d'Addisson. Chateaubriand est Addisson, il est ministre, moi
je suis Pope et je ne suis que poète.

*_**

Pendant trois ans, nous avons été intimes. Chateaubriand et
moi, nous n'étions pas un seul jour sans nous voir : nos deux
âmes frémissaient à l'unisson.

Fo 259⁴.

(1) Sainte-Beuve, t. II, p. 195.

***

Paul Rieter (1) est un homme qui peut lutter d'énergie et d'originalité avec Burger. Il est plus original que Goëthe.

La pauvre folle est, dans ce genre, tout ce qu'il y a de plus extraordinaire.

***

Le *Livre de l'Allemagne* paraît déjà bien suranné. Nous avons fait de grands pas dans les littératures étrangères depuis ce temps-là. Nos enjambées dans les champs de la pensée et dans la poésie ont été immenses. Nos horizons littéraires se sont démesurément accrus. — C'est immense !

Fo 260.

***

Rivarol a été l'homme le plus gai et le plus malin de son siècle, de cette gaîté jeune, franche, folle, spontanée, étincelante, qui ne ressemblait pas à celle de Voltaire qui n'était qu'une gaîté « ridée et factice ».

***

Le bonheur n'est pas dans la dignité, disais-je un jour à Mme de Staël, qui fut frappée de cette expression.

***

Les femmes n'aiment que l'espérance, ce qui explique leur *extrême* amour pour les enfants.

Fo 260 (V.).

***

2 septembre.

Il y a aujourd'hui 27 ans que je fis connaissance avec Rivarol à Ham, près Vandsbeck (5 septembre 1795). Ce fut un des plus beaux jours de ma vie. Il y a aussi six ans jour pour jour que je fus à Courbevoie chez Fontanes. J'y passai le jour et j'y couchai. Nous passâmes une journée délicieuse. Il me lut une Ode intitulée : la *Prophétesse Gauloise* et celle intitulée les *Modèles littéraires*. Il me lut encore une Ode sur la nécessité de la religion dans un Etat. Je lui lus le *Dante* et *Homère*. Il en fut très content. Nous fîmes quelques corrections à l'Ode d'*Homère*. Nous passâmes jusqu'à minuit à causer vers et littérature. La conversation fut ravissante.

Fo 259.

***

Si Rivarol avait vu mes notes, il aurait dit : « Mais il n'a pas été trop ingrat ! »

Rivarol venait d'arriver de Londres à Hambourg où je me trouvais alors. J'avais tant entendu vanter son esprit et le charme irrésistible de sa conversation par quelques personnes avec

---

(1) Paul Rieter ou Rieuter, peintre et graveur suisse (1751-1818).

lesquelles je vivais, que je brûlais du désir de faire sa connaissance. Je l'avais aperçu deux ou trois fois dans les salons d'un restaurateur français, nommé Gérard, alors fort en vogue à Hambourg, chez lequel je m'étais trouvé à table assez près de lui, et ce que j'avais pu saisir au vol de cette conversation prodigieuse, de cet esprit rapide et brillant qui rayonnait en tous sens et s'échappait en continuels éclairs, m'avait jeté dans une sorte d'enivrement fiévreux dont je ne pouvais revenir. Je ne voyais que Rivarol, je ne pensais, je ne rêvais qu'à Rivarol : c'était une vraie frénésie qui m'ôtait jusqu'au sommeil.

Six semaines se passèrent ainsi. Après avoir fait bien des tentatives inutiles pour pénétrer jusqu'à mon idole, un de mes meilleurs amis arriva fort à propos d'Osnabruck à Hambourg, pour me tirer de cet état violent, qui, s'il eût duré, m'eût rendu fou. C'était le marquis de la Tresne, homme d'esprit et de talent, traducteur habile de Virgile et de Klopstock ; il était lié avec Rivarol ; il voulut bien se charger de me présenter au *grand homme*, et me servit d'introducteur auprès de ce roi de la conversation. Nous prenons jour, et nous nous mettons en route pour aller trouver Rivarol, qui, alors, habitait à Ham, village à une demi-lieue de Hambourg, dans une maison de campagne fort agréable. C'était le 5 septembre 1795, jour que je n'oublierai jamais. Il faisait un temps superbe, calme et chaud et tout disposait l'âme aux émotions les plus vives et les plus passionnées. Je ne puis dire quelles sensations j'éprouvai quand je me trouvai à la porte de la maison : j'étais ému, tremblant, palpitant comme si j'allais me trouver en présence d'une maîtresse adorée et redoutée. Mille sentiments confus m'oppressaient à la fois : ce désir violent d'entendre Rivarol, de m'enivrer de sa parole, la crainte de me trouver en butte à quelques-unes de ses épigrammes qu'il lançait si bien et si volontiers. La peur de ne pas répondre à la bonne opinion que quelques personnes avaient cherché à lui donner de moi, tout m'agitait, me bouleversait, me jetait dans un trouble inexprimable. J'éprouvais au plus haut degré cette fascination de la crainte, quand enfin la porte s'ouvrit. On nous introduisit auprès de Rivarol qui, en ce moment, était à table avec quelques amis. Il nous reçut avec une affabilité caressante, mêlée toutefois d'une assez forte teinte de cette fatuité de bon ton qui distinguait alors les hommes du grand monde (Rivarol, comme on le sait, avait la prétention d'être un homme de qualité). Toutefois, il me mit bientôt à mon aise en me disant un mot aimable sur mon *Ode à Klopstock*, que j'avais fait paraître depuis peu. « J'ai lu votre ode, me dit-il, elle est bien ; il y a de la verve,
« du mouvement, de l'élan. Il y a bien encore quelques *juvenilia*,
« quelques images vagues, quelques expressions ternes, communes
« ou peu poétiques ; mais d'un trait de plume il est aisé de faire
« disparaître ces taches-là. J'espère que nous ferons quelque
« chose de vous : venez me voir, nous mettrons votre esprit
« en *serre chaude*, et tout ira bien. Pour commencer, nous allons
« faire aujourd'hui une débauche de poésie. »

Il commença, en effet, à se lancer dans un de ces monologues où il était vraiment prodigieux. Le fond de son thème était celui-ci : Le poète n'est qu'un sauvage très ingénieux et très animé, chez lequel toutes les idées se présentent en images. Le sauvage et le poète font le cercle : l'un et l'autre ne parlent que par hiéroglyphes, avec cette différence que le poète tourne dans une orbite d'idées déjà plus étendue. — Et le voilà qui se met à développer ce texte avec une abondance d'idées, une richesse de vues si fines ou si profondes, un luxe de métaphores si brillantes et si pittoresques, que c'était merveille de l'entendre.

Il passa ensuite à une autre thèse qu'il posa ainsi : « L'art doit se donner un but qui recule sans cesse, et mettre l'infini entre lui et son modèle. » Cette nouvelle idée fut développée avec des prestiges d'élocution encore plus étonnants ! C'étaient vraiment des paroles de féerie. Nous hasardâmes timidement, M. de La Tresne et moi, quelques objections qui furent réfutées avec ce rapide dédain de la supériorité (Rivarol, dans la discussion, était cassant, emporté, un peu dur même). — « Point d'objections d'enfant », nous répétait-il, et il continuait à développer son thème avec une profusion d'images toujours plus éblouissantes. Il passait tour à tour de l'abstraction à la métaphore, et revenait de la métaphore à l'abstraction avec une aisance et une dextérité inouïes. Je n'avais pas d'idée d'une improvisation aussi agile, aussi svelte, aussi entraînante. J'étais tout oreille pour écouter ces magiques paroles qui tombaient en reflets pétillants comme des pierreries et qui, d'ailleurs, étaient prononcées avec le son de voix le plus mélodieux et le plus pénétrant, l'organe le plus varié, le plus souple et le plus enchanteur. J'étais vraiment sous le charme, comme disait Diderot.

Au sortir de table, nous fûmes nous asseoir dans le jardin à l'ombre d'un petit bosquet formé de pins, de tilleuls et de sycomores panachés, dont les jeunes et hauts ombrages flottaient au-dessus de nous. Rivarol compara d'abord en plaisantant le lieu où nous étions aux jardins d'Académie, où Platon se rendait avec ses disciples pour converser sur la philosophie. Et, à vrai dire, il y avait bien quelques points de ressemblance, entre les deux scènes, qui pouvaient favoriser l'illusion. Les arbres qui nous couvraient, aussi beaux que les platanes d'Athènes, se faisaient remarquer par la vigueur et le luxe extraordinaire de leur végétation. Le soleil qui s'inclinait déjà à l'occident, pénétrait jusqu'à nous malgré l'opulente épaisseur des ombrages, et son disque d'or et de feu, descendant comme un incendie, derrière un vaste groupe de nuages, leur prêtait des teintes si chaudes et si animées qu'on eût pû se croire sous un ciel de la Grèce...Rivarol, après avoir admiré quelques instants ce radieux spectacle et nous avoir jeté à l'imagination deux ou trois de ses belles expressions poétiques qu'il semblait créer en se jouant, se remit à causer littérature.

Il passa en revue presque tous les principaux personnages littéraires du XVIIIe siècle et les jugea d'une manière âpre, tranchante et sévère. Il parla d'abord de Voltaire, contre lequel il poussait fort loin la jalousie ; il lui en voulait d'avoir su s'attribuer le monopole universel de l'esprit.C'était pour lui une sorte d'ennemi personnel ; il ne lui pardonnait pas d'être venu le premier et d'avoir pris sa place.

Il lui refusait le talent de la grande, de la haute poésie, même de la poésie dramatique. Il ne le trouvait supérieur que dans la poésie fugitive, et là seulement Voltaire avait pu dompter l'admiration de Rivarol et la rendre obéissante : « La *Henriade*, disait-il, n'est qu'un maigre croquis, un squelette épique, où manquent les muscles, les chairs et les couleurs. Ses tragédies ne sont que des thèses philosophiques froides et brillantes. Dans le style de Voltaire, il y a toujours une *partie morte* : tout vit dans celui de Racine et de Virgile. L'*Essai sur les mœurs* et l'*esprit des nations*, mesquine parodie de l'immortel discours de Bossuet, n'est qu'une esquisse assez élégante, mais terne, et riche et mensongère. C'est moins une histoire qu'un pamphlet en grand, un artificieux plaidoyer contre le christianisme et une longue moquerie de l'espèce humaine. Quant à son *Dictionnaire philosophique*, si fastueusement intitulé la *Raison par Alphabet*, c'est un livre d'une très mince portée en philosophie. Il faut être bien médiocre soi-même pour s'imaginer qu'il y a rien au delà de la pensée de Voltaire. Rien de plus incomplet que cette pensée : elle est vaine, superficielle, moqueuse, dissolvante, essentiellement propre à détruire, et voilà tout. Du reste, il n'y a ni profondeur, ni élévation, ni unité, ni avenir; rien de ce qui fonde et systématise. Ainsi disant, il faisait la revue des principaux ouvrages de Voltaire, et les marquait en passant d'un de ces stigmates qui laissent une empreinte ineffaçable, semblable à la goutte d'eau forte qui creuse la planche de cuivre en y tombant. Il finit par se résumer dans cette phrase que j'ai déjà citée ailleurs : Voltaire a employé la mine de plomb pour l'épopée, le crayon pour l'histoire et le pinceau pour la poésie fugitive (1).

Enhardi par l'accueil aimable que Rivarol me faisait, je me hasardai à lui demander ce qu'il pensait de Buffon, alors l'écrivain pour moi par excellence. — Son style a de la pompe et de l'ampleur, me répondit-il, mais il est diffus et pâteux. On y voit toujours flotter les plis de la robe d'Apollon, mais souvent le dieu n'y est pas. Ses descriptions les plus vantées manquent de nouveauté, de création dans l'expression.

Le portrait du *cheval* a du mouvement, de l'éclat, de la rapidité, du fracas. Celui du chien vaut peut-être mieux encore, mais il est trop long. Ce n'est pas là la splendide économie de style des grands maîtres. Quant à l'aigle, il est manqué : il n'est dessiné ni avec une vigueur assez mâle, ni avec une assez sauvage fierté. Le paon aussi est manqué ; qu'il soit de Buffon ou de Guéneau, peu importe ; c'est une description à refaire. Elle est trop longue et pourtant ne dit pas tout, cela chatoie plus encore que cela ne rayonne. Cette peinture manque surtout de cette verve intérieure qui anime tout, et de cette brièveté pittoresque qui double l'éclat des images en les resserrant. Pour peindre cet opulent oiseau, il fallait tremper ses pinceaux dans le soleil et jeter sur ses lignes les couleurs aussi rapidement que le grand astre jette ses rayons sur le ciel et ses montagnes. J'ai *dans la tête un paon* bien autrement

____

(1) Cf., l'*Esprit de Rivarol*. p. 123.

neuf, bien autrement magnifique et je ne demanderais pas une heure pour mieux faire.

Le portrait du cygne est fort préférable : là il y a vraiment du talent, d'habiles artifices d'élocution, de la limpidité et de la mollesse dans le style, et une mélancolie d'expression qui, se mêlant à la splendeur des images en tempère heureusement l'éclat. Un morceau encore sans reproche, c'est le début des *Époques de la Nature*. Il y règne de la pompe sans emphase, de la richesse sans diffusion, et, une magnificence d'expression, haute et calme, qui ressemble à la tranquille élévation des cieux. Buffon ne s'est jamais montré plus artiste en fait de style, c'est la manière de Bossuet appliquée à l'histoire naturelle.

Mais un écrivain bien supérieur à Buffon, poursuivait Rivarol sans s'interrompre, c'est Montesquieu. J'avoue que je ne fais plus cas que de celui-là (et de Pascal toutefois) depuis que j'écris sur la politique : et sur quoi pourrait-on écrire aujourd'hui ? Quand une révolution inouïe ébranle les colonnes du monde, comment s'occuper d'autre chose ? La politique est tout ; elle envahit tout, remplit tout, attire tout : il n'y a plus de pensée, d'intérêt et de passion que là. Si un écrivain à quelque conscience de son talent, s'il aspire à redresser ou à dominer son siècle, en un mot s'il veut saisir le sceptre de la pensée, il ne peut et ne doit écrire que sur la politique. Quel plus beau rôle que celui de dévoiler les mystères de l'organisation sociale, encore si peu connue ! Quelle plus noble et plus éclatante mission que celle d'arrêter et enchaîner, par la puissance et l'autorité du talent, les idées envahissantes qui sont sorties comme une doctrine armée des livres des philosophes, et qui, attelées au char du soleil, comme l'a si bien dit ce fou de Danton, menacent de faire le tour du monde !

Pour en revenir à Montesquieu, sans doute en politique il n'a ni tout vu ni tout saisi, ni tout dit, et cela était impossible de son temps. Il n'avait point passé au travers d'une immense révolution qui a ouvert les entrailles de la société, et qui a tout éclairé, parce qu'elle a tout mis à nu. Il n'avait pas pour lui les résultats de cette vaste et terrible expérience, qui a tout vérifié et tout résumé ; mais ce qu'il a vu il l'a supérieurement vu et vu sous un angle immense. Il a admirablement saisi les grandes phases de l'évolution sociale. Son regard d'aigle pénètre à fond les objets et les traverse en y jetant la lumière. Son génie, qui touche à tout en même temps, ressemble à l'éclair qui se montre à la fois aux quatre points de l'horizon. Voilà mon homme ! C'est vraiment le seul que je puisse lire aujourd'hui. Toute autre lecture languit auprès d'un si ferme et si lumineux génie et je n'ouvre jamais l'*Esprit des Lois* que je n'y puise ou de nouvelles idées ou de hautes leçons de style...

Et Thomas ? demandai-je.

Thomas est un homme manqué répartit d'un ton bref Rivarol.

C'est un homme qui n'a que des demi-idées. Il a une assez belle phrase, mais il n'en a qu'une. Il n'avait pas ce qu'il fallait pour faire l'éloge de Descartes ; c'est un ouvrage composé avec la science acquise de la veille. Cela n'est ni digéré ni fondu. Il aurait fallu à l'auteur les connaissances positives de Fontenelle, l'étendue et la pénétration de son coup d'œil scientifique. L'éloge de Marc Aurèle vaut mieux : il y a dans cet éloge des intentions dramatiques qui ne sont pas sans effet. Le style en est meilleur aussi, bien que là pourtant, comme ailleurs, ce style manque d'originalité. Ce n'est pas là un style créé. Et puis il est trop coupé, trop haché, ou par endroits démesurément long. Thomas ne s'entend pas à parcourir avec grâce et fermeté les nombreux détours de la période oratoire. Il ne sait pas *enchevêtrer* sa phrase. Quant à son *Essai sur les éloges*, il y a de belles pages sans doute ; mais, quoique les défauts y soient moindres et qu'il ait détendu son style, il y règne encore un ton d'exagération qui gâte les meilleurs morceaux. Thomas exagère ses sentiments par ses idées, ses idées par ses images, ses images par ses expressions.

— Et Rousseau ? monsieur de Rivarol.

— Oh ! pour celui-là, c'est une autre affaire. C'est un maître sophiste qui ne pense pas un mot de ce qu'il dit ou de ce qu'il écrit, c'est le paradoxe incarné, — grand artiste d'ailleurs en fait de style, bien que, même dans ses meilleurs ouvrages, il n'ait pu se défaire entièrement de cette rouille gênevoise dont son talent reste entaché. Il parle du haut de ses livres comme du haut d'une tribune ; il a des cris et des gestes dans son style, et son éloquence épileptique a dû être irrésistible sur les femmes et les jeunes gens. Orateur, *ambidextre*, il écrit sans conscience, ou plutôt il laisse errer sa conscience au gré de toutes ses sensations et de toutes ses affections. Aussi passionne-t-il tout ce qu'il touche. Il y a des pages, dans la *Nouvelle Héloïse* qui ont été touchées d'un rayon de soleil. Toutes les fois qu'il n'écrit pas sous l'influence despotique d'un paradoxe, et qu'il raconte ses sensations ou feint ses propres passions, il est aussi éloquent que vrai. Voilà ce qui donne tant de charme à quelques tableaux de ses *Confessions* et surtout à ce préambule qui sert d'introduction à la *profession du Vicaire Savoyard*, et où, sous le voile d'un jeune homme qu'il met en scène avec le vicaire, il raconte sa propre histoire, c'est avec quelques *lettres provinciales* et les chapitres sur *l'homme* de Pascal, ce que nous avons de mieux écrit en notre langue, c'est fait *à point*.

Le reste de la conversation se passa en feu roulant d'épigrammes lancées avec une verve intarissable sur d'autres renommées politiques et littéraires. Jamais Rivarol ne justifia mieux son surnom de Saint Georges de l'épigramme. Pas un n'échappait à l'habilité désespérante de sa pointe. Là, passèrent tour à tour, transpercés coup sur coup, et l'abbé Delille « qui n'est qu'un rossignol qui a reçu son cerveau en gosier » et Cerutti « qui a fait des phrases *luisantes* sur nos grands hommes de l'année dernière, espèce de limaçon de la littérature qui laisse partout où il passe une trace argentée, mais ce n'est qu'écume et bave ; et Chamfort « qui, en entrant à l'académie, ne fut qu'une branche de muguet entée sur des pavots » ; et Roucher, « qui est en poésie, le plus beau naufrage du siècle » ; et Chabanon « qui a traduit Théocrite et Pindare de toute sa haine contre le grec » ; et Fontanes, « qui passe son style au brunissoir et qui a le poli sans l'éclat (1) » ;

(1) « Rivarol aurait pu profiter du procédé ; cela n'aurait pas mal fait de *délustrer* un peu son style : il brillait trop. » (Note de Chênedollé.)

et Le Brun, « qui n'a que de la hardiesse *combinée* et jamais de la hardiesse inspirée : ne le voyez-vous pas d'ici, assis sur son séant dans son lit avec des draps sales, une chemise sale de quinze jours et des bouts de manche en batiste un peu plus blancs, entouré de Virgile, d'Horace, de Corneille, de Racine, de Rousseau, qui pêche à la ligne un mot dans l'un et un mot dans l'autre, pour en composer des vers qui ne sont que mosaïque (1).

Et Mercier avec son *Tableau de Paris*, « ouvrage pensé dans la rue et écrit sur la borne » ; et l'abbé Millot, « qui n'a fait que des commissions dans l'histoire » ; et Palissot, « qui a toujours un chat devant les yeux pour modèle : c'est pour lui le torse antique » ; et Condorcet, « qui écrit avec de l'opium sur des feuilles de plomb » ; et Target, « qui s'est noyé dans son talent », chaque mot était une épigramme condensée qui portait coup et perçait son homme (2). Mirabeau obtint les honneurs d'une épigramme plus détaillée :

« La tête de Mirabeau, disait-il, n'était qu'une grosse éponge toujours gonflée des idées d'autrui. Il n'a eu quelque réputation que parce qu'il a toujours écrit sur des matières palpitantes de l'intérêt du moment. Ses brochures sont des brûlots lâchés au milieu d'une flotte ; ils y mettent le feu, mais il s'y consument. Du reste, c'est un barbare effroyable en fait de style ; c'est l'Attila de l'éloquence, et s'il y a dans ses gros livres quelques phrases bien faites, elles sont de Chamfort, de Cerutti ou de moi. »

Trois heures s'écoulèrent dans ces curieux et piquants entretiens, et me parurent à peine quelques instants. Le soleil cependant avait disparu de l'horizon et la nuit qui tombait nous avertit qu'il était temps de nous retirer.

Nous prîmes donc congé de Rivarol qui, en nous quittant, nous dit quelques-uns de ces mots aimables qu'il savait si bien trouver et nous fit promettre de revenir. Puis il me remit sa traduction du Dante, en me disant : « Lisez cela ! il y a là des études de style qui formeront le vôtre et qui vous mettront des formes poétiques dans la tête. C'est une mine d'expressions où les jeunes poètes peuvent puiser avec avantage.

Nous reprîmes la route de Hambourg, M. de La Tresne et moi, confondus, terrassés, éblouis, par les miracles de cette parole presque fabuleuse. Le jour avait tout à fait disparu ; il faisait

---

(1) Voici une bonne anecdote sur Le Brun : Le Brun arrive un jour tout effaré chez Rivarol, et s'écrie en entrant : Chamford est un barbare, il n'entend pas mon vers sur l'Espagne :

L'Espagne a trop connu l'indigence de l'or.

Il n'y a plus de poésie, il n'y a plus de littérature en France, c'est une création d'expression magnifique. C'est le parvoque potentem de Virgile, l'orgueilleuse faiblesse de Racine... (Chênedollé).

(2) Unique en à propos, Rivarol avait ainsi un trait, une épigramme pour chaque événement littéraire ou politique, il attachait un mot à la tragédie ou à la comédie nouvelle, au sermon à la mode, à l'académicien dn jour, et ce mot restait : c'était un stihmate ineffaçable. » (Chenedollé). — Et encore : « Les malices lui sortent de tous les côtés : Rivarol fait des épigrammes jusque dans son éloquence. » — Au reste, la plupart de ces mots de Rivarol étaient faits d'avance, on le sent, et ils servaient dans l'occasion : Rivarol taillait toutes ses pensées à facettes : il tenait une phrase quinze jours sur son chevalet. » — Son improvisation porte la trace de cette préméditation.

une de ces belles nuits, si communes en cette saison dans les climats du Nord, et qui ont un éclat et une pureté qu'on ne voit point ailleurs. Une lune d'automne brillait dans un ciel d'un bleu magnifique, et sa lumière, brisée en réseaux de diamant, étincelait dans les hautes cimes des vieux ormes qui bordent la route, en projetant devant nous de longues ombres. L'oreille et la tête encore pleines de la conversation de Rivarol, nous marchions silencieusement sous cette magique clarté, et le profond silence n'était interrompu que par ces exclamations répétées vingt fois : « Il faut convenir que Rivarol est un causeur bien extraordinaire ! » De tout ce soir-là, il nous fut impossible de trouver d'autres paroles (1).

*
* *

Rivarol fait aux idées des caresses de courtisane, et non d'honnête femme (2).

*
* *

L'homme de goût a reçu vingt blessures avant d'en faire une.

*
* *

Rivarol avait déjà dans son talent quelque chose de ce qu'on a depuis appelé *le romantisme* ; il avait senti la nécessité de retremper la langue, de lui donner plus de franchise, plus de mouvement et d'abandon, de créer en peignant (3).

*
* *

Aucun morceau de prose ne m'a jamais fait autant d'effet (début de la théorie du corps politique). Il est évident que Rivarol, dans ses quatre chapitres sur la nature et la formation du *corps politique*, a voulu lutter contre les chapitres sur l'*homme* de Pascal (4).

*
* *

Il y avait *un côté législatif* dans les idées de Rivarol, qui ne se trouve ni dans Garat, ni dans Lacretelle (aîné) (5).

*
* *

Les trois hommes de lettres·les plus distingués de la fin du xviiie siècle, sont Beaumarchais, Mirabeau et Rivarol. Beaumarchais, par son *Figaro*, donna le manifeste de la Révolution : Mirabeau la fit ; Rivarol la combattit et fit tout pour l'enrayer : il mourut à la peine (6).

---

(1) Sainte-Beuve, t. II, p. 150 à 172.
(2) Sainte-Beuve, t. II, p. 175 (en note).
(3) Sainte-Beuve, t. II, p. 174.
(4) Sainte-Beuve, t. II, p. 175.
(5) Sainte-Beuve, t. II, p. 176.
(6) Sainte-Beuve, t. II, p. 176 et 177.

* * *

Jugement de Chênedollé sur Rivarol

Homme à la mode, digne de la gloire, que les salons regardèrent comme un prodige, que la politique européenne aurait pu compter comme un oracle, et que la postérité doit adopter aujourd'hui comme un de ces génies heureux et incomplet tout ensemble qui n'ont fait que montrer leurs forces (1).

* * *

« Chose singulière, pendant ces deux années que je passais avec lui, je ne fis presque rien. »

Mon génie étonné tremblait devant le sien !

Il m'avait dompté, j'étais devenu l'esclave de sa pensée, et je n'avais conservé de puissance que pour l'admirer.

J'ai subi deux fois le joug et la tyrannie de deux esprits qui m'avaient d'abord terrassé, — de Rivarol et de Chat... (2) Cependant, tant d'idées nouvelles ne pouvaient tomber en moi sans y fermenter sourdement semblable à ces terres fortes qui, avant de porter des fruits ou des moissons, gardent longtemps les germes qui leur sont confiés, mon esprit se saturait en secret de tout ce qu'il devait s'approprier un jour. Ce fut Rivarol qui me suggéra l'idée de mon poème du *Génie de l'Homme*. Un soir, il rentrait chez lui, après avoir dîné chez le juif Cappadoce (3) ; il était fort gai et son imagination était montée sur un ton très élevé. Nous parlâmes poésie et dans un moment de verve, étant mécontent des vers de Voltaire et de Le Brun sur le système du monde, il s'écria : « Voilà ce qu'on aurait dû dire là-dessus. » Et tout à coup, il trouva quelques belles paroles sur le mouvement des astres et la grande économie des cieux. Ces images me frappèrent tellement que, deux jours après, je les rapportai en vers à Rivarol, qui en parut extrêmement content et qui me dit qu'il fallait entreprendre le poème de la nature, poème qui avait été manqué deux fois dans notre langue par Le Brun et Fontanes. Dès ce moment, l'ouvrage fut comme arrêté dans ma tête et devint la principale préoccupation de ma pensée (4).

Je vécus ainsi deux ans avec Rivarol, dans un continuel éréthisme de la pensée et dans un enchantement littéraire continuel. Un rien nous brouilla. J'avais fait connaissance avec une Mme Duprat, de Lyon, qui était alors à Hambourg, femme galante d'un haut ton, belle encore, et qui vivait avec le prince Zouboff. J'y mangeais très souvent avec d'aimables *roués*, Alexandre Tilly, Armand Dulau, et quelques autres émigrés français. Nous faisions souvent des parties à la campagne et nous revenions fort tard. On sent facilement que cette vie avait dû me déranger un peu,

(1) Sainte-Beuve, t. II, p. 177.
(2) Chateaubriand.
(3) David Cappadoce. On y dînait fort bien. Rivarol qui ne faisait grâce à aucun de ses amis disait de lui : « Son existence se compose des alarmes de la santé et des témérités de la gourmandise ; il ne connaît de remords que ceux de son estomac. »
(4) Sainte-Beuve, t. II, p. 178.

et que souvent je n'étais pas très exact à venir travailler au *dictionnaire*. Rivarol, un matin, me le fit sentir avec une aigreur marquée. De mon côté, je répondis avec humeur, cependant, je me remis au travail, mais le travail fut silencieux, les communications sèches et froides, et je sortis sans rien dire à Rivarol qui travaillait dans son cabinet. Indigné sans doute de ce ton fort déplacé dans un jeune homme, il m'adressa le lendemain matin un billet fort sec, dans lequel il me redemandait une *Jérusalem* italienne que j'avais à lui. Je renvoyai la *Jérusalem* avec un billet écrit du même style, et dès ce moment je résolus de briser là. Le marquis de Mesmons avec qui j'étais fort lié, et qui allait aussi chez Rivarol, fit tout ce qu'il put pour me raccommoder avec lui : je tins bon, et je lui déclarai que je n'y retournerais point. Je finis en lui disant : J'adore le talent de Rivarol, et j'aime sa personne, mais je ne le reverrai plus.— Depuis longtemps, j'avais envie de rentrer en France, et je saisis cette occasion pour rompre des engagements qui commençaient à me peser. Je partis pour la Suisse (1).

J'ai beaucoup connu à Hambourg M. de Mesmons ; c'était un homme du monde qu'une aventure malheureuse avait forcé de se retirer de la société, et qui était devenu sauvage et mélancolique, mais d'une mélancolie de bon goût. Sa conversation avait beaucoup de charme (2).

*
* *

Relations avec Klopstock

Caractère de Klopstock. — Lorsque je fus admis pour la première fois en sa présence, par La Tresne, je crus être admis en présence du Génie. Je vis un petit homme, d'une figure douce et riante. Je ne lui trouvai point du tout cet air de réserve, cet air diplomatique dont parle Gœthe ; je lui trouvai, au contraire, un air ouvert et plein de franchise.

Je n'avais jamais vu de figure de vieillard plus aimable et plus prévenante. Il avait surtout un sourire de bonté si parfait, qu'il vous mettait tout de suite à votre aise. Je lui lus une Ode que je venais d'esquisser à sa louange. Cette ode le flatta beaucoup et parut lui faire le plus grand plaisir. Il dit qu'il attachait un grand prix à être loué par un Français, et surtout à être loué en vers. En un mot, il fut ravi. Dès ce moment, il me prit dans la plus grande affection ; il m'invita à aller dîner le lendemain ou le surlendemain à une maison de campagne qu'il avait aux portes de Hambourg.

Je le trouvai se promenant dans son jardin avec sa femme et quelques dames qu'il avait invitées. C'était dans les premiers jours de mai (1795). Je me rappelle qu'il faisait un soleil superbe et que nous nous promenions sous des pruniers en fleurs, ce qui mit tout de suite la conversation sur le charme de la campagne et de la nature. Il en parlait avec ravissement. Dès cette seconde entrevue, il me parla de son goût, de son amour pour l'exercice

(1) Sainte-Beuve, t. II, p. 180-181.
(2) Sainte-Beuve, t. II, p. 180, en note.

du patin ; il paraît que chez lui c'était une espèce de manie, car ce fut aussi une des premières choses dont il s'entretint avec Gœthe. Je lui trouvai la candeur d'un enfant et le génie d'Homère (1).

**

« Ce qui caractérise l'abbé Delille, c'est la *mobilité* du style bien plus que le grandiose.

« Ce qui caractérise Le Brun c'est la hardiesse de l'expression ; mais il manque d'haleine, il est vite essoufflé.

« Chênedollé a de l'haleine ; il a plus de grandiose que Delille ; il fait ses vers avec le cœur. » — Voilà en effet ce que ses amis de 1802 lui reconnaissaient assez unanimement.

J'ajouterais pourtant, en lui appliquant ce qu'il disait de Le Brun : « Il a du souffle, mais un souffle qui n'allume pas la flamme (2). »

C'est quand je lis des hommes comme Gœthe, Schiller, Klopstock, Byron..., que je sens combien je suis mince et petit. Je le dis, dans la sincérité de mon âme et avec la plus intime conviction, je n'ai pas la dixième partie de la pensée, du talent et du génie poétique de Gœthe, quelle étendue, quelle fécondité, quelle profondeur, quelle variété d'idées, d'aperçus philosophiques, littéraires, politiques ! Quelle richesse d'invention poétique dans ses tragédies, ses poèmes et ses poésies fugitives sur tous les sujets ! Quelle sécheresse, quelle stérilité d'imagination chez moi à côté de cette prodigieuse abondance (3).

**

Jugement sur Castel

Castel se met, je crois, au dessus de Fontanes et de Delille ; il se regarde comme le premier poète du jour, et Saint-Ange, comme le second. Il est persuadé que Delille n'ira pas à la postérité.

C'est une chose bien étonnante que l'amour propre. C'est d'ailleurs un homme plein de mérite et un poète du talent le plus aimable ; mais parce qu'on est Paul Potter, il ne faut pas se croire Raphaël (4).

**

(1) Sainte-Beuve, t. II, p. 183-184.
(2) Sainte-Beuve, t. II, p. 185.
(3) Sainte-Beuve, t. II, p. 186-187.
(4) Sainte-Beuve, t. II, p. 188.

1823

Fontanes le dernier des Grecs.

F° 267.

**

15 mars.

C'est la charrue qui a fondé les états.
Le soc des Triptolème est le spectre du monde.

F° 268.

**

15 mars.

Tel quand le laboureur a ceint le semoir et se dispose à ense-
mencer son champ, si le vent d'orient vient à se lever, il égare et
disperse le grain qui s'échappe des mains du métayer et semble
s'opposer à la fécondité du sillon.

« Je ne connais rien de beau, de riant, de magnifique, comme
un beau champ de bled qui rit sous les premières haleines du
printemps. On en jouit au printemps comme verdure et on l'espère comme moisson dans l'été. »

F° 268.

**

15 mars.

On donne trois façons à la terre pour les Bleds de mars ou *Varte ?*
à la fin de janvier, on herse en février, puis on laboure une seconde
fois du 10 au 25 mars, et on sème. Les bleds de mars sont les bleds
trémois, l'orge et l'avoine. Le trèfle se sème dans l'orge et dans
l'avoine. La vesse se fait au commencement d'avril.

F° 268 (V.).

**

La vieillesse n'a plus de force pour combattre ses passions,
elle n'en a plus que pour les suivre.

**

La débauche est hideuse dans un vieillard : elle a un côté qui
l'excuse dans un jeune homme, les bouillons de l'âge et la fougue
des passions.

Les os de l'impudique vieilliront avec lui et ses vices dormiront
avec lui dans son tombeau.

La volupté se glisse partout, elle se glisse sous le cilice et sous
la haire ; elle s'était glissée jusque dans les agapes des festins des
premiers chrétiens.

F° 270.

**

18 mars.

Tel autour du vieux pin qu'il serre et qu'il embrasse
Le lierre chevelu fortement s'entrelace,

Tel sous les coups soudains de l'autan mutiné
Le chêne où le sapin tombe déraciné.

Tel aux feux de l'éclair tout l'océan s'allume
Et surmonte les rocs de sa brillante écume

Et roule avec fracas par la hache abattu
Un vieux pin que longtemps, les vents ont combattu.

F° 270 (V.).

*_**

La rime et la mesure sont les deux béquilles du versificateur.

F° 272 (V.).

*_**

Il y a des crimes pour lesquels il faut des larmes éternelles.

*_**

De toutes les passions, la plus indomptable, la plus invincible est la volupté.

*_**

L'homme passe sa vie à formuler des projets de conversion et à retomber dans les mêmes fautes. L'homme ne vit que d'irrésolution, incapable d'être tout à fait vicieux et tout à fait vertueux, il erre de contradiction en contradiction et voit ainsi sa vie s'avancer sans projet, sans direction et sans but. Le propre caractère de l'homme est la faiblesse, l'indécision : Il veut être à Dieu et il ne pourrait se séparer de ses penchants, de ses habitudes, de ses plaisirs, de ses passions.
Les passions invétérées sont la source de tous les maux.

*_**

1ᵉʳ mai au soir.

Il a fait aujourd'hui un vrai temps de printemps ; l'air qui était aigre et froid, s'est singulièrement adouci et a passé au chaud. C'est ce que les gens de la campagne rendent par une expression pittoresque : ils disent que le temps s'engraisse. Ils disent aussi que le temps est maigre quand le vent souffle de l'est et que le hâle est grand. Le jardinier me disait aussi. « Le temps va changer, ce soleil est bien plus gras qu'hier : il est chaud. Toutes ces expressions sont aussi justes qu'énergiques, parce qu'elles sont toutes de sensation et créées par le besoin. *Et utilitas expressit nomina rerum*, a dit Lucrèce (1).

*_**

3 juillet.

J'ai vu aujourd'hui (2) l'Evêque d'Hermopolis : c'est un homme fort en théologie et qui a bien lu son Bossuet ; mais il est difficile

---

(1) Sainte-Beuve, t. II, p. 154.
(2) Le 2 juillet 1823, Chênedollé revit Joubert après une séparation de douze ans.
« C'est aujourd'hui que j'ai revu Joubert. Il y avait *douze ans* que je ne l'avais vu ; je l'ai revu avec un extrême plaisir. Je l'ai trouvé vieilli, moins pourtant que je ne craignais. Du reste, la même conversation, vive, piquante, original, la même imagination, la même verve, le même enthousiasme. (Sainte-Beuve, t, II, p. 276.)

d'être plus pauvre en littérature, il ne s'en doute pas. Ce n'est pas là la conversation de Fontanes ! Celle de M.Frayssinous n'a ni grâce, ni éclat, ni piquant, ni nouveauté : c'est une conversation terne et banale, délayée dans un accent gascon. — M. Raynouard, que j'ai vu aussi aujourd'hui, est un petit homme bien marseillais, qui a l'accent provençal très prononcé, avec une conversation sans élégance, sans charme, et qui pourtant révèle, à travers les incorrections du langage, beaucoup d'esprit et d'immenses connaissances ; mais ce n'est pas là l'éducation poétique de Fontanes, ce n'est pas là... (1).

****

Jugement de Fontanes sur Chênedollé rapporté par Villemain

4 juillet.

M. de Chênedollé a assurément beaucoup de talent et beaucoup d'esprit, il fait parfaitement les vers, il a une facture à lui ; mais il ne se défie pas toujours assez de sa mémoire. Il emprunte des hémistiches, et, soit dit en passant, il m'en a pris à moi et plusieurs. Tout est là, ajoute Chênedollé, l'excellent critique, le littérateur, le poète, l'ami et le bon homme (2).

****

11 juillet.

J'ai eu ce matin une conversation très intéressante avec Villemain sur le style, sur Rivarol, sur les hommes de génie, sur ce qu'on peut faire avec du talent après les hommes de génie : élégance continue, audace dans l'expression, style laborieux qui aille solliciter la langue jusque dans ses derniers retranchements. Villemain trouve que ce style de Rivarol manque d'originalité, de création et d'audace ; il ne lui trouve pas un côté assez neuf. Il reconnait deux sortes d'écrivains ; les écrivains de génie qui créent leur langue comme leurs idées, tels sont Pascal, Bossuet, Corneille — et les écrivains de talent qui, venant après les écrivains de génie, renouvellent la langue par l'emploi nouveau et hardi qu'ils font des mots. Tel voulut être Rivarol. « Or, je trouve, continue Villemain, que Rivarol manque de création et d'audace : il en manque même dans sa traduction de Dante. Je sais que Buffon a dit que c'était *une suite de créations*; mais c'est un mot de courtoisie. Je ne trouve même pas là les alliances de mots, ces expressions créées dont Rivarol parle tant. Je ne sais non plus si c'est une idée heureuse que d'avoir voulu rendre le Dante constamment noble, élégant et pompeux. J'aime mieux le vrai Dante, simple, neuf, énergique et grossier même. Je n'aime pas que Rivarol fasse des tours de force et d'élégance pour ennoblir ce qui est bas et franchement grossier.

(1) Sainte-Beuve, t. II, p. 290-291.
(2) Sainte-Beuve, t. II, p. 297 (en note).

***

Pourquoi dire avec recherche et périphrase : — « Versant à jamais des larmes qui n'arrosent plus leur poitrine » (*Enfer*, ch. XX) — et « courbant avec effort les noires voûtes de son dos, il leur donnait pour le départ un signal immonde (ch. XXI) ? — Ces phrases ingénieuses et recherchées forment des véritables contresens avec le fond de l'ouvrage ; elles détonnent avec le caractère de l'original. Je crois Chateaubriand un artiste de style bien autrement heureux, énergique et hardi, que Rivarol — « Et jette son manteau d'argent sur le dos des ombres » — Voilà du style pittoresque, de la grande nouveauté de style... (1).

* * *

« J'aime les mots sonores ; les mots pleins, pompeux, harmonieux, ont droit de me plaire, même sans idées. Ils me charment par le seul effet du pouvoir musical ; ils exercent sur mon oreille un empire inconcevable. Voilà pourquoi Thomas, Buffon, J.-J. Rousseau me plaisent tant. » Les mots dans leurs écrits ont une véritable magie. »

* * *

En revenant au Coisel, 19 juillet.

... J'ai encore trouvé les roses très fraîches et très belles. Au moins j'en ai encore joui, quoique leur grand éclat fut passé. Une de mes douleurs à Paris a été de n'avoir pu jouir dans toute leur fraîcheur de mes belles roses du Coisel (3).

* * *

28 août.

J'ai revu aujourd'hui avec délices tous les travaux de la moisson ; j'ai vu scier, j'ai vu lier, j'ai vu charrier. Rien ne me plaît comme de voir un atelier de moissonneurs dans un champ : j'aime à voir les jeunes garçons se hâter et défier les jeunes filles qui scient encore plus vite qu'eux ; j'aime à entendre le joyeux babil des moissonneurs ; j'aime à entendre les éclats de rire des jeunes filles si gaies, si folles, si fraîches ; j'aime à les voir se pencher avec leurs faucilles, au risque pour elles de montrer quelquefois une jambe mieux faite et plus fine que celle de nos plus belles dames. Cette vue irrite les

---

(1) Sainte-Beuve : *Chateaubriand et son Groupe*, t. II, p. 297.

(2) Sainte-Beuve : *Chateaubriand et son Groupe*, t. II, p. 310 (Note).

(3) (25 janvier, en revenant de Paris), je suis plus fatigué que jamais du monde, où je viens de me replonger encore pendant quelques jours... Mon Dieu ! que je suis aise de me retrouver un moment à la campagne ! J'ai du plaisir à y retrouver même l'hiver avec ses giboulées, son âpreté, ses neiges (Sainte-Beuve, *op. cit.* t. II, p. 319).

désirs dans le cœur du jeune homme ; on fait une plaisanterie, et la gaieté circule à la ronde :

Verbaque aratoris rustica discit Amor.

J'aime à voir le métayer robuste lier la gerbe et l'enlever au bout du rustique trident ; j'aime à voir le valet de la ferme qui la reçoit debout au haut du char des moissons, et le char comblé s'ébranler pesamment dans la plaine.

J'aime à voir glaner le pauvre. Laissez-lui quelques épis de plus.

Laissez à l'indigent une part des moissons.

J'aime tous les travaux champêtres ; j'aime à voir labourer, semer, moissonner, planter, tailler, émonder les arbres, aménager les forêts.

Je jouis du blé vert, et j'en jouis en moisson.

En mars, je ne connais rien de beau, de riant, de magnifique, comme un beau champ de blé qui rit sous les premières haleines du printemps.

Depuis trente ans, je m'occupe de l'étude de la nature. Je l'observe sans cesse, je m'étudie sans cesse à la prendre sur le fait (1).

***

Je suis presque bien aise d'avoir appris le grec tard. Cela présente la pensée sous de nouvelles couleurs et ouvre à l'esprit de nouveaux horizons. L'étude d'une langue, surtout d'une langue très riche et qui a de belles formes, retrempe et rajeunit l'imagination. Avant de lire Homère dans le grec, je pressentais tout ce qu'il y avait dans l'expression grecque. J'étais arrivé là par une sorte de sagacité, par cette prévision poétique qui devine sûrement les poètes. La langue grecque est la langue aux mille aspects, aux mille couleurs. C'est un prisme continuel. Chaque mot de cette poésie rayonne et jette sur la pensée un arc-en-ciel (2).

***

1er septembre.

Voici les jours de l'inspiration qui arrivent, voici la saison de la poésie, de la méditation, de l'enthousiasme. Produiront-ils quelque chose ? Cette saison si poétique sera-t-elle stérile ? Ai-je passé le temps de l'inspiration ? N'y a-t-il plus de beaux vers pour moi ? Poésie, belle comme l'amour et douce comme l'espérance, m'as-tu fui sans retour ? Ne connaîtrai-je plus tes chastes ardeurs et tes célestes ravissements ? ...Suis-je devenu tout à fait terrestre, et mon âme dépouillée de tes ailes ne doit-elle plus que ramper sur la terre ? — O poésie, que j'ai tant aimée; remets-moi encore une fois sous ton charme ! Frappe-moi encore une fois de ton sceptre d'or ; fais-moi encore entendre une fois ta voix pénétrante et divine Encore une de tes inspirations, et je meurs content ! » (3)

***

(1) Sainte-Beuve, t. II, p. 155-156.
(2) Sainte-Beuve, t. II, p. 156.
(3) Sainte-Beuve, t. II, p. 311-312.

1824

Il y a plus de génie dans le morceau de Victor Hugo sur la Révolution de la langue française que dans tous les livres sur l'Allemagne de Mme de Staël. Il y a plus de vues neuves, plus de regards d'esprit déliés, et d'expressions créées, plus d'images inventées que dans les grands ouvrages de Mme de Staël.

****

Rivarol m'avait fasciné par sa conversation.

F^o 261.

****

7 juin.

J'ai été aujourd'hui à Vire. Il y avait plaisir étant à cheval à effleurer du regard les champs, les herbages, les moissons qui se jouaient sous les fraîches brises du printemps. Il y avait plaisir à passer sous les voûtes parfumées de ces acacias en fleurs qui balançaient leurs longues grappes d'albâtre sur les froments en épis qui ondoyent à leurs pieds...

F^o 261 (V.).

****

8 juin.

Mme de Staël n'avait pas un esprit plus svelte, plus souple, plus haut, plus étendu, plus varié que Rivarol : mais elle avait la parole encore plus vive et plus ardente : « Il y avait plus de la foudre dans sa parole que dans celle de Rivarol ».

F^o 261 (V.)[1].

****

. La conviction dans Rivarol ressemblait à un beau lac calme, màgnifique, qui réfléchit tous les feux et toutes les splendeurs du couchant.

Celle de Mme de Staël ressemblait [à] un lac agité qui réfléchit les feux de l'éclair et les brûlantes lueurs de l'orage.

F^o 261[2] (V.).

****

Mme de Staël n'avait pas une parole plus svelte, plus rapide, plus splendide, plus variée que Rivarol ; mais elle l'avait plus vive encore et plus ardente. En un mot, elle était plus tourbillon. Elle vous entraînait, elle vous forçait à rouler dans son orbite.

La parole de Mme de Staël était teinte de la foudre. Elle avait des dix minutes de conversation vraiment étonnantes.

Tout l'esprit de Mme de Staël était dans ses yeux qui étaient superbes. Au contraire, le regard de Rivarol était terne, mais tout son esprit se retrouvait dans son sourire le plus fin et le plus spirituel que j'aie vu, et dans les deux coins de sa bouche, qui avait une expression unique de malice et de grâce.

Mme de Staël coupait, disséquait un cheveu en quatre. Elle anatomisait et colorait tout. — Rivarol, au contraire, caractérisait mieux les hommes que les choses.

Mme de Staël a plus d'esprit qu'elle n'en peut mener (1).

* * *

Premier dîner à Coppet

On parle (1er dîner à Coppet) de Dupont, de Nemours, on cite son mot en partant pour les Etats-Unis :

« Depuis que tout le monde est souverain en France, je pars pour l'Amérique [je vais chercher un pays où l'on puisse être sujet], afin de redevenir sujet. Ce n'est pas cela... je vais chercher un pays où l'on ne soit pas Roi.

F^o 262.

* * *

(Compte-rendu du Livre des passions par Rœderer).

Rœderer, quand il juge, retire avant tout la vie d'un ouvrage, pour le mettre en abstraction (2).

(Propos tenu par B. Constant sur Lacretelle, aîné).

« Il attend la mise en liberté de son frère du progrès des lumières » (3).

* * *

« Promenade dans le parc après dîner. Mme de Staël me parla du dernier ouvrage de Benjamin Constant sur la Révolution de 1660 (4). Des Gènevois arrivent après dîner. On parla de M. de Maistre, que Mme de Staël regarde comme un *homme de génie* (5). Ma promenade le soir dans le parc avec M. Necker (6).

* * *

Mme de Staël, s'occupait alors de son ouvrage sur la *Littérature*, dont elle faisait un chapitre tous les matins. Elle mettait sur le tapis, à dîner, ou le soir dans le salon, l'argument du chapitre qu'elle voulait traiter, nous provoquait à causer sur ce texte-là, le *parlait* elle-même dans une rapide improvisation, et le lendemain, le chapitre était écrit. C'est ainsi que presque tout le livre a été fait. Les questions qu'elle traita lorsque j'étais à

---

(1) Sainte-Beuve : *Chateaubriand et son Groupe*, t. II, p. 190.
(2) Sainte-Beuve, t. II, p. 191.
(3) Sainte-Beuve, t. II, p. 191.
(4) Des suites de la contre révolution de 1660 en Angletere.
(5) Joseph de Maistre n'avait publié que ses *Considérations sur la Révolution française* (1796).
(6) Sainte-Beuve, t. II, p. 191.

Coppet, sont : De l'influence du christianisme sur la littérature ; de l'influence d'Ossian sur la poésie du Nord ; poésie *rêveuse* au nord ; poésie des *sensations* au midi, etc. Ses improvisations étaient beaucoup plus brillantes que ses chapitres écrits... (1).

*
* *

Dans *Corinne* (2) la littérature soutient le roman, et le roman fait passer la littérature.

Fo 262².

*
* *

Le seul artifice par lequel on puisse rajeunir une langue et lui redonner de la couleur et de la nouveauté, c'est de reporter aussi les expressions du *figuré* au *naturel*, mais cela ne peut convenir qu'à une langue et une nation très avancées et usées par un excès de politesse et de civilisation. »

Ce retour du moral au physique ne serait pas praticable en Allemand.

C'est pourquoi les traductions d'expressions sont rares dans cette langue.

L'Allemand est copieux, abondant, mais il n'est pas riche.

Une langue n'est pas riche par le nombre de mots qu'elle possède mais par la quantité d'idées qu'elle peut réveiller dans une expression

Fo 262⁵.

*
* *

« L'homme est autant de fois homme qu'il sait de langues. »

Chênedollé cite pour l'Angleterre (esprit et conversation) : Coleridge, Byron, Blessington.

Fo 262 (V.).

*
* *

10 juin.

« Il est beau que l'imagination d'une femme puisse lutter non seulement de grandeur, mais de force, avec celle d'un homme chez qui cette vigueur d'imagination domine éminemment. »

*
* *

Conversation philosophique

Kant avait établi le dualisme philosophique, reconnu l'empire de l'âme et des sensations.

Fichte et Schelling ont voulu ramener la philosophie à l'unité : L'un a matérialisé l'âme en la confondant avec l'univers. Schelling tend à diviniser la nature en prêtant une âme à ses diverses puissances.

---

(1) Sainte-Beuve, t. II, p. 191 et 192.
(2) Roman de Mᵐᵉ de Staël (1807).

9

* * *

Dans la Révolution, on avait à Paris le tarif des insurrections. Le mouvement coûtera tant depuis 100 francs jusqu'à 50.000 fr.

* * *

Les yeux et l'imagination sont toujours enfans.
« J'entends ce qu'elle dit, fais-je ce qu'elle veut ? »

F° 262 *ter.*

* * *

16 juin.

— « Je veux vous mener un interlocuteur digne de vous » : M. de Lezay (1) s'avançait beaucoup ; car bien que je fusse encore tout frais émoulu de la conversation de Rivarol, j'étais loin cependant de pouvoir soutenir la conversation avec une femme qui y portait un si grand éclat d'idées et une parole si vive et si ardente et une rapidité d'élocution vraiment foudroyante (terrassante).

F° 262.

* * *

---

1) Adrien de Lezai présentait ainsi Chênedollé à Mme de Staël comme un interlocuteur digne d'elle et tout frais émoulu de la conversation de Rivarol.

1828

Il faut absolument que je devienne le poète local du *Bocage*, le poète du pays, le poète bas-normand par excellence. Il faut que je retrace toutes les scènes du Bocage, les vieux châteaux, les vieilles ruines, les vieilles églises, les sites pittoresques des bords de la Vire, de Campeaux, de Saint-Martindon, de Bure, de Pont-bellanger. Il faut que je peigne, que je ramène sans cesse en mes vers les bruyères, les bois, les rochers de Saint-Martindon et de Pontbellanger : il faut que je peigne les bruyères de *Landelles*, de *Pontbellanger* à toutes les heures, au lever du soleil, à son coucher lorsque l'horizon s'enflamme de pourpre et d'or ; au matin, lorsque les paysages sont si frais, et si riants, à midi lorsque sur ces bruyères, tout est aride, dévoré, brûlé par le soleil ; il faut les peindre au printemps, il faut les peindre en été, il faut les peindre en hiver avec leurs neiges, leurs glaces, leurs solitudes de neige, sillonnées par un seul sentier, troué par le pied du voyageur. Que d'images neuves, originales, pittoresques .... riantes, majestueuses, il y a là.

(*Arch. du Coisel.*)

***

1830

Victor Hugo

19 février.

Nous sommes à une époque de transition. Victor Hugo me
disait (1) : Chateaubriand et vous, vous êtes des hommes de
transition. Moi, je suis un homme d'époque, je fonderai une ère.
Je puis vous faire un dix-huit brumaire en littérature.

F° 400.

**

Journalisme

20 février.

On passe bien plus d'idées en revue dans les journaux qu'à
la tribune. Le journalisme est une bien plus vaste arène ouverte
à la lutte des idées que la tribune.

Nouvelle école

Certainement, le style de la nouvelle école, des Victor Hugo,
des Sainte-Beuve, des Balzac, des Sue, est plus vif, plus spontané
que celui de Buffon, de Thomas, de Barthélemy, de Necker et
même de Mme de Staël. Il y a là plus de vie, de mouvement, de
locomotivité ! (2)

F° 400 (V.).

21 février.

La poésie, à la prendre de très haut, n'est que la puissance
d'émouvoir. Tous les arts : la peinture, la sculpture, l'architecture,
la musique, ne sont que des branches de la poésie, ce sont les
différentes expressions, les organes divers et variés du même art.

Un palais, une église, une cathédrale, est un grand poème écrit
avec de la pierre, du marbre et des couleurs.

---

(1) Chênedollé fut présenté à V. Hugo par un de ses amis Alexis du Mesnil,
bretteur fameux à Caen. Le chef d'école romantique lui adressa quelques exemplaires
de ses premières poésies, un portrait et une lettre assez flatteuse, Cf. L. de Lamare:
A l'Aube du romantisme, Essai biographique et littéraire, ch. XVI.

(2) Chênedollé admirait sincèrement le romantisme à ses débuts vers 1820,
mais il resta étranger à l'école de 1830.

***

Prose et poésie

L'homme ne se révèle tout entier que dans la prose ; il y a trop de sous-entendus dans la poésie : elle n'est pas assez complète, elle ne répond pas assez à l'universalité de la pensée.

***

Mme Tallien (1)

« Cette grande et brillante iniquité. »

***

A propos de femmes effrontées. « Il ne leur manque plus que le vêtement diaphane de Mme Tallien. »

F° 400.

***

Jugement de Fontanes sur Rivarol

Rivarol, disait Fontanes, n'a pas de foyer.

***

Chateaubriand

24 février.

En matière de presse, la personne de M. de Chateaubriand devrait être inviolable pour tout gouvernement né d'une révolution de presse.

F° 400 (V.).

***

L'Angleterre

21 février.

L'Angleterre ne peut périr que par le suicide.

***

La Russie

En Russie, la civilisation n'est qu'une plante exotique.

***

Jalousie

21 février.

Même avec l'objet le plus aimé, il y a toujours motif de jalousie. J'entends ce que ma maîtresse me dit. Sais-je ce qu'elle pense ?

(1) Mme Tallien, ex-Mme de Fontenay, épousa le Conventionnel pendant une mission à Bordeaux, en 1793. Elle lui donna quatre enfants et divorça en 1802.

**

M. Necker

M. Necker est mort d'une ambition rentrée.

**

Sophie Arnould (1)

« Ce que les gens d'esprit sont bêtes ! » Mot de Sophie Arnould.

Fo 401.

**

La tribune

« La tribune est dévorante ».
Elle a dévoré Mirabeau, Pitt et Canning, de Serres, Foy, Martignac et Casimir Perrier.

Fo 401 (V.).

**

(1) Sophie Arnould (1744-1803), célèbre cantatrice. Ses bons mots ont été réunis par A. Deville : *Arnoldiana, ou Sophie Arnould et ses contemporains*, 1813, in-12.

1832

Tempus nectitur et œvum.

* * *

Omnia Incerta, sola mors certa.

* * *

Statutum est omnibus hominibus mori.

F° 402.

* * *

Révolution de Juillet

Vous avez beau dorer la révolution de juillet sur toutes les coutures, vous ne la ferez jamais accepter par les cours de l'Europe.

* * *

27 février.

La révolution de juillet, cette ouvrière de ruines.

* * *

C'est un outrage à la majesté de l'Intelligence humaine.

F° 407.

* * *

28 février.

Dans quelle défiance de la vie je suis entré. Je n'ose plus me confier à la vie.

F° 407 (V.).

* * *

Marivaux (1)

27 février.

Marivaux pèse des riens dans des balances de toile d'araignée.

* * *

Marivaux, disait Voltaire, est la perfection de la médiocrité.

---

(1) Marivaux, P. (1688-1763), auteur de pièces et de romans dans un style très raffiné.

.*.

Marivaux, disait Voltaire, connaît toutes les parties du cœur humain, mais il ne connaît pas la grande route.

F° 407.

.*.

Mme de Percy (1)

26 février.

Une chose qui m'a donné la mesure de l'esprit de Mme de Percy, et qui m'a prouvé sur quel petit patron il était taillé, c'est que, lorsque je lui lus à Ronfugerai le *Lysimaque* de Montesquieu, il ne sentit pas le prodigieux mérite de ce morceau sublime. Son âme qui, cependant, avait paru comprendre le dialogue d'Eucrate et de Sylla, resta fermée à ce stoïcisme sublime, et ne put atteindre à cette inconcevable hauteur. Dès lors, elle fut pour moi une femme jugée.

.*.

Le Génie de l'Homme

28 février.

Il n'y a peut-être pas de vers plus ronds, plus pleins, plus sphériques que ceux du *Génie de l'homme*. Ce sont des lingots d'or.

F° 406.

.*.

Le protestantisme

27 février.

En 1832, le protestantisme n'est pas seulement une malheureuse hérésie, mais un non sens.

F° 406 (V.).

.*.

24 février.

Quel gâchis ! Jamais mot n'a mieux peint notre situation politique, et surtout dans la bouche du maréchal. Le mot est populaire et s'adresse à tout le monde. Il devait être dit par un homme de caserne.

F° 405 (V.).

.*.

Chateaubriand

Chateaubriand en accusation et comparaissant aux assises, c'est le Génie sur la sellette du crime.

---

(1) Mme de Percy, Julia, née de Cheux, au château de Saint-Clair à Saint-Germain de Tallevende, a publié trois nouvelles en 1824.

****

23 février.

Aujourd'hui, mon esprit était empâté, encrouté, plongé dans l'obscurantisme, sans ressort, sans mouvement, sans énergie. Il y a des jours d'ennui, d'abattement, de langueur extrême pour l'esprit comme pour le corps. On n'est pas toujours en puissance.

F° 405.

****

Tacite et Sénèque

Tacite est la perfection d'un genre dont Sénèque est l'abus.

F° 405 (V.)

****

22 février.

L'esprit a ses besoins comme le corps, tout aussi impérieux. Un homme qui a un peu de génie, et qui ne trouve pas d'aliment à ce génie est au supplice. C'est une cruelle chose pour un homme qui a connu les plaisirs les plus vifs et les plus délicats de l'esprit, de vivre dans l'atmosphère de la médiocrité, de ne pouvoir jamais jouir du charme d'une bonne conversation, et de ce rapide et brûlant échange des pensées qui est la suprême félicité de l'âme comme l'union de deux amours passionnés est la suprême volupté des sens. Il est dur, il est affreux de vivre ainsi toujours solitaire avec son génie et de ne pouvoir entrer en communication avec une âme analogue à la vôtre.

****

Les jouissances de la pensée sont aussi nécessaires à l'homme de génie que les bals et les fêtes pour les jeunes femmes.

F° 403.

****

Chateaubriand

27 février.

Depuis trente ans, M. de Chateaubriand tient de la main la plus ferme le sceptre de la pensée.

****

Marivaux

27 février.

Marivaux a été pour le cœur ce que Fontenelle avait été pour l'esprit. Il en a parcouru les recoins les plus mystérieux, et a fait la dissection la plus fine de tous les sentimens du cœur, comme Fontenelle avait dissiqué les fibres les plus déliées de l'esprit.

****

La Presse

27 février.

La presse doit être un flambeau qui éclaire et non une torche qui brûle.

F° 407.

***

Pascal et Pope

28 février.

Dans les admirables peintures que Pope et Pascal ont faites de l'homme, ce n'est pas Pope qui est le plus grand poète, c'est Pascal. Pour lui trouver un rival, il faut recourir à Lord Byrón. Les deux plus fortes et les deux plus amères Intelligences des temps modernes sont Pascal et Lord Byron.

***

28 février.

La reconnaissance est la mémoire du cœur.

***

Pascal

Pascal est plus transcendant que Jean-Jacques Rousseau. Il vous prend plus brusquement par les cheveux pour vous enlever jusqu'au ciel.

F° 409.

***

Dans ces « petits sacs de papier » où Rivarol jettait (*sic*) ses pensées au fur et à mesure qu'il les écrivait, il s'en est trouvé encore assez pour former un vol. in-8° « du plus haut intérêt ».

Ces précieux manuscrits ont été remis au frère de Rivarol qui les a maintenant entre les mains (1).

« Les parties du manuscrit de la théorie du C.P. mises au net par *La Roche* ont été déchirées et anéanties par l'exécrable abbé. »

***

Sort des manuscrits de Rivarol

1er mars.

« Une grande partie de l'ouvrage de Rivarol a été volée par l'abbé Sabathier (*sic*) avec une impudence inouïe. »

Cet « abominable abbé » a fait disparaître le manuscrit de la théorie du Corps politique, après l'avoir « pillé et défiguré » à sa manière.

F° 409 (V.).

(1) Théorie du Corps politique.

**

1er mars.

Il est évident que Rivarol, dans ses quatre chapitres sur la nature et la formation des corps politiques, a voulu lutter contre les chapitres tant vantés sur l'homme de Pascal. Chose remarquable ? La destinée du grand ouvrage de Rivarol a été la même que celle du grand ouvrage de Pascal.

F° 409.

**

1er mars.

Il y a deux ouvrages de la perte desquels je ne me consolerai jamais. Je veux parler du grand ouvrage de Pascal sur la religion, dont les pensées ne sont que des fragmens et de l'ouvrage non moins remarquable de Rivarol sur la théorie du Corps politique. C'est là que ces deux éminens génies avaient déployé toute la vigueur, et tout l'éclat d'une pensée et d'un talent de style, qui n'ont point eu d'égaux.

F° 410.

**

La géométrie

2 mars.

La géométrie se détourne brusquement du regard métaphysique et se rejette sur l'usage.

**

Les pensées de La Rochefoucault (*sic*) sont de la géométrie intellectuelle.

**

La Rochefoucauld (1)

2 mars.

Les pensées de La Rochefoucauld sont de la géométrie intellectuelle.

F° 407 (V.).

**

2 mars.

Il (2) me hait vraiment ! Je l'ai lu dans son regard. Je ne puis pourtant croire qu'il me haïsse moi qui l'ai tant aimé, qui ai été si bon, si doux envers lui, qui ne lui ai jamais dit un mot plus haut que l'autre, qui ne lui ai jamais montré d'humeur.

F° 418 (V.).

---

(1) La Rochefoucauld (1613-1680), auteur des *Maximes*.
(2) Charles Anaïs, fils aîné du poète et de Mlle de Banville.

[*]

Pascal

Pascal enlevait toutes les vérités et toutes les idées à la pointe de son génie.

[*]

F° 410.

Coisel, 4 mars.

Nous sommes arrivés au Coisel le 4 mars au soir. J'y suis arrivé avec un sentiment de tristesse. J'y ai trouvé de tristes traces du terrible ouragan du 15 février. Dans le plant, nombre de pommiers abattus ; dans le jardin, des lilas, des arbustes brisés, renversés, fracassés ; dans l'avenue, des sapins non pas abattus, mais ébranlés, renversés, penchés sur d'autres sapins, partout des vestiges de l'effroyable tourmente du 14 au 15.

F° 411.

[*]

Mme de Staël, son style

Coisel, 5 mars.

Dies sine Lineâ, non sine cogitatione.
La *littérature* de Mme de Staël,... frapé (*sic*) de la sécheresse du style sec, roide, abstrait ; beaucoup d'aperçus, beaucoup d'esprit. Mais ni imagination dans les vues, ni dans le style. Elle n'était encore que métaphysicienne. Plus tard, elle sera poète dans *Corinne*, l'*Allemagne*.

[*]

.Coisel, 6 mars.

Continué à lire Mme de Staël, frappé plus que jamais de l'aridité, de la roideur du style, quelquefois brillant d'éclat, toujours pauvre d'images, toujours sec et glacé. C'est l'éclat de la glace qui brille, qui éblouit et n'échauffe jamais.

[*]

8 mars.

Encore un jour de langueur, d'amertume de cœur, de réflexions tristes, accablantes.

F° 411 (V.).

[*]

9 mars.

L'impiété est hideuse dans une femme comme dans un vieillard. Elle s'excuse dans un jeune homme à cause de la fièvre des sens et des orages de la passion. La religion en appelle à l'homme de 40 ans.

[*]

Coisel, 9 mars.

Journée employée à planter, à réparer l'espalier. Lecture assidue de La Rochefoucauld et de Pascal.....

« Le mot de Dieu n'est pas prononcé une fois dans le livre
de La Rochefoucauld. »

Fo 413.

*_**

10 mars.

L'amour n'est plus que l'échange de deux cœurs flétris.

*_**

Bois profondément mais ne goûte pas.

*_**

La volupté des sens est le poison de l'âme.

Fo 414.

*_**

10 mars.

Définitions trouvées dans le rêve de cette nuit : 9 au 10 mars.
« L'espace est l'Infini du lieu et l'Eternité l'Infini du temps. »

*_**

11 et 12 mars.

Mauvais jours, tristesse profonde, pas la force de tracer une ligne
vie vue tout à fait au noir ; et pas sans raison.

*_**

Le chagrin flétrit, dessèche le génie, il tue l'imagination, il
empoisonne la vie, il garotte toutes les facultés, il racornit et courbe
l'intelligence. Il finit par conduire à la stupidité.

Fo 413.

*_**

15 mars.

Ah ! la vie n'est pas faite pour rire ! C'est une chose bien triste,
bien sérieuse, bien désolée et bien désolante surtout quand la pensée
de Dieu n'y est pas ; mais avec la pensée de Dieu, tout se compense,
tout se rétablit. Les maux sont pris en patience, les chagrins
s'adoucissent, les douleurs se calment et le désespoir s'appaise (*sic*)

Fo 413 (V.).

*_**

L'horizon de Burcy parait plat, monotone à Chênedollé

14 mars.

« J'ai conservé un bien vif souvenir de mon voyage dans les
Pyrénées, mais jusqu'ici il ne s'est pas réalisé par la poésie, mon
imagination est restée sans retentissement. Aucune explosion
radieuse n'a eu lieu : *Loisir, calme et sécurité d'âme m'ont manqué.*
L'étude veut au moins du calme, de la tranquillité. Quand l'âme
est déchirée, torturée, angoissée, elle ne retentit pas. »

Fo 414 (V.).

***

14 mars.

La violence n'est que la parodie de la force.

***

La peur menace par peur, la faiblesse se hisse sur les échasses
de la violence.

F° 415 (V.).

***

Eh ! quoi ! monts imposants, sublimes Pyrennées (*sic*).
J'ai vu sans être inspiré vu *vos belles horreurs,* [vos âpres sommets.]
J'ai vu de longs frimats vos cimes couronnées
Et je n'ai point brûlé d'une sainte fureur,

... pic du Midi
... hardi.

***

14 mars.

Que sans enthousiasme on ne franchit jamais
Et j'ai pu rester froid.

***

... Hardi.

J'ai vu vos hauts sommets dressés en pyramides,
Pour la nue errante et la laisser sous eux,
Et vos fougueux torrens, vos cascades rapides,
Déchirer leur rivage à bonds tumultueux ;
J'ai vu vos noirs sapins aux gigantesques cimes
D'une immense ceinture entourer vos vieux flancs
Et la foudre en éclats, ébranlant vos abymes (*sic*),
Labourer, de ses feux, vos sommets chancelants,
Et tous ces grands tableaux n'ont pas, etc..

***

14 mars.

Et j'ai pu rester froid...
Assourdir les échos des lointaines vallées
    Du long tonnerre de leurs flots !

***

Les pins échevelés pendre sur les abymes (*sic*)
Et des gouffres béans noircir la profondeur.

F° 432.

***

Les Pyrénées

Majestueuses Pyrennées,
Vous qui si fièrement enfoncez dans les cieux

Vos cimes, de frimats, en tout temps couronnées
    Et vos sommets audacieux !

***

J'ai foulé vos pitons antiques,
Sans que la poésie éveillant ma langueur
Rallumât un rayon de ces feux poétiques
Qui jadis brûlaient dans mon cœur.

***

J'ai pu voir vos fières cascades
Tombant, roulant, parmi vos rocs et vos vieux pins.

F° 433.

***

A grands bonds s'élancer du haut de vos arcades,
    Et tourner au fond des ravins.

***

Et de ces grands objets la présence inutile,
S'est soudain révélée à mes esprits trop lents
Et je suis resté froid ! et mon âme stérile
Ne s'est point échappée en vers étincelants !

***

Du moins je chanterai vos brillants paysages,
O site merveilleux ! o vallon d'Argelès,
Toi dont les fraîches eaux, les près, les hauts ombrages
                      [les rocs sauvages]
En magiques beautés surpassent le Vallais.

F° 433 (V.).

***

Suite

Mais si mon sang refroidi ne peut, etc. Si mon imagination flétrie ne peut peindre ces sublimes horreurs, du moins je chanterai tes riants paysages, ô contrée, ô vallon d'Argelès toi, dont les fraîches eaux, les prés, les rocs sauvages en magiques beautés surpassent le Vallais

***

      Là croît le montagnard
   Qui doit un jour au front du...
    Doit chasser le rapide Isard.

F° 433 (V.).

***

18 mars.

Rivarol, Mme de Staël et Frédéric Ancillon, sont trois esprits qui sont presque identiques : Ils ont les mêmes vues philosophiques et souvent le même tour de style et d'imagination.

F° 432 (V).

**

18 mars.

« Ancillon (1) a profité des conversations de Rivarol lorsque celui-ci était à Berlin en 1799, 1800 et 1801. »

**

Chênedollé reconnaît dans les écrits d'Ancillon beaucoup de « vues philosophiques et politiques » de Rivarol et aussi ces expressions « neuves », « pittoresques », créées », qui n'étaient qu'à lui.

**

19 mars.

L'Allemagne est vraiment le pays de la pensée, le pays de la haute métaphysique et de la haute poésie.

Les philosophes allemands sont bien supérieurs aux philosophes anglais : Leibnitz, Kant, Fischte (*sic*), Schelling, Hégel, sont d'autres hommes que Locke, Dugald, Stewart et Reid : La métaphysique est sur son trône en Allemagne.

F° 417.

**

L'Allemagne

A quatre grands poètes « qu'elle peut opposer à tout ce que les autres nations ont eu de plus grand ».
Klopstock, Gœthe, Schiller et Burger.

**

L'Italie : Dante, Pétrarque, Arioste, Tasse, Alfieri, Monti, Manzoni.

La France : Corneille, Molière, Racine, La Fontaine, Voltaire, Delille, Lamartine et Victor Hugo.

L'Angleterre : Shakespeare, Shillon, Dryden, Pope, Byron, Southey, Shelley, Thomas Moore, Tennyson.

Mais tout cela n'est pas plus grand que les grands poètes allemands.

« Les Allemands n'ont pas un écrivain en prose qu'ils puissent comparer à Pascal ou à Bossuet, à Montesquieu, à J.-J. Rousseau ou à Buffon. Jamais l'art de la parole n'a été élevé si haut et jamais on n'y versa tant de majesté, d'élégance et de douceur. »

**

Hollandais : Vondel, Bilderdick.
Espagnols : Lope de Véga, Calderon, Cervantes, Gongora.
Portugais : Camoëns.

F° 417 (V.).

---

(1) Ancillon, F., écrivain et homme d'Etat, né à Berlin (1767-1837).

***

20 mars.

J'ai perdu jusqu'à ma dernière illusion. Je croyais être aimé de cet enfant (1) et j'ai découvert qu'il ne m'aimait pas. C'est la plus amère et la plus poignante de mes déceptions, elle achève de me détacher de la vie, et de rompre les derniers liens qui m'y attachaient. Je n'aurais jamais pu croire que cet...

F° 419.

***

20 mars.

C'est la dernière et la plus amère de mes déceptions. C'est une *expiation* (1). J'ai été coupable et je suis puni. Je vois se délier un à un tous les liens qui m'attachaient à la vie. La mort en sera moins cruelle. Aucune joie, aucun bonheur n'est plus possible pour Moi.

F° 418 (V.).

***

21 mars.

C'est aujourd'hui le printemps et voilà la neige. Le temps est très froid. Quelle différence à Paris, jour, il y a trois ans, où il y avait 20 degrés de chaleur.

***

La neige sur les deux heures tombe à flots.

***

Le couchant dans ses flancs grisâtres recèle l'orage et la nuit.

***

21 mars.

Aujourd'hui, pour la première fois, nous avons été à voile sur l'étang de Chênedollé. La course a été poétique : nous avions un gros temps, la vague était dure. Comme nous étions au milieu de l'étang, il est survenu un grain assez violent ! le vent soufflait grand frais (*sic*), la vague brisait avec force : la voile était fortement tendue. La barque n'a pas du tout penché, il faudrait une bourrasque terrible pour la faire chavirer ou sombrer.

F° 420.

***

Adrien de Lezay

M. de Lezai est un des esprits les plus distingués, les plus nobles, les plus hauts, les plus pénétrans que j'aie encore rencontrés.

(1) Toujours le même Charles-Anaïs.

(2) Les dernières années de la vie du poète furent attristées par l'inquiétude et les remords causés par un fils qu'il avait eu d'un premier mariage contracté à Hambourg, secrètement, pendant l'Emigration et qu'il avait abandonné ainsi que sa première femme. Cf. *A l'Aube du romantisme, Essai biographique et littéraire*, ch. XIII et XIV.

Il ne se plaisait qu'à la lecture de Pascal et de Montesquieu. Il aimait à *Pascaliser*, comme il disait lui-même.

« *Mens pulchra in corpore pulchro* (1). »

Fo 420 (V.).

*
* *

22 mars, 6 heures du soir.

Voilà la neige qui tombe par torrents à gros floccons (*sic*), comme dans le plus fort de l'hiver, comme en Pologne, en Russie où à Hambourg. La neige tient la terre et les arbres sont tout blancs Nous avons maintenant l'hiver que nous n'avons pas eu à Noël.

Fo 419 (V.).

*
* *

23 mars.

David était à genoux devant cet Olimpe (*sic*) Jacobin. Les révolutions inutiles n'ont ni Tyrtée ni David.

Qu'elles tiennent la lyre, le pinceau ou l'épée, la main leur tremble. L'inspiration leur manque comme la foi.

Fo 415 (V.).

*
* *

23 mars.

Que son onde est limpide, et que sa nappe est belle,
Quand dans ses mille feux la lumière étincelle !

*
* *

La voile qui frémit, en guidant la nacelle
Et s'enfle doucement aux haleines du soir !

*
* *

23 mars, 7 heures du matin.

Voilà la neige encore ! Elle tombe à gros floccons (*sic*), à flots, à torrens. Jamais à Noël je ne l'ai vu tomber aussi abondamment. Voilà l'hiver revenu, voilà ses scènes, la neige sur les collines, sur les champs, sur les prés, sur les arbres. Tout est blanc.

Fo 420 (V.).

*
* *

23 mars.

Je me plais à me rebercer dans les souvenirs de mon enfance et de ma jeunesse. Et je me reberce doucement dans les souvenirs de ma gloire.

*
* *

23 mars.

Notre présent est si triste, si terne, si ignoble, si mesquin, que

---

(1) Sainte-Beuve, t. II, p. 193.

nous nous réfugions en haine de cet odieux présent, avec une sorte de fureur dans le passé. C'est ce qui explique cet amour désordonné immense, immodéré du Moyen Age qui a tout à coup surgi parmi nous.

F⁰ 421.

*_**

25 mars.

Ma première visite à Klopstock.

*_**

Ma première visite à Rivarol alors à Ham près Hambourg.

*_**

Ma première visite à Coppet.
Le salon de Mme de Staël en 1801.

*_**

24 mars, 7 heures du matin.

Voilà l'hiver tout à fait revenu avec ses scènes de neige, ses collines, ses plaines, ses arbres tout blancs de frimats, son air rigide, son ciel âpre et dur, ses nuages livides, bleuâtres, cuivrés, plombés et qui sont encore chargés de neige et de grêle.

Depuis 1801, je n'ai pas d'idée d'avoir vu une pareille neige dans cette saison.

*_**

Et le pin que l'hiver de ses frimas assiège
Balance au gré des vents ses écharpes de neige.

F⁰ 422.

*_**

25 mars.

Aujourd'hui, j'ai peu pensé ; la journée s'est passée en travaux champêtres, en plantations, en émondes, en tailles d'arbres, etc.

J'ai seulement écrit quelques lignes sur Castel, repassé en ma mémoire quelques tirades de Bossuet, de Buffon, de Pascal, de Thomas, etc.

*_**

26 mars.

M. de la Martine a eu le malheur de perdre sa fille (1). Voilà à quoi on s'expose lorsqu'étant heureux on veut changer de place. On tente Dieu en allant chercher des périls, en courant au devant des maux que Dieu vous aurait épargnés si vous étiez resté au foyer domestique. Voilà tout son voyage empoisonné

---

(1) En 1832, Lamartine visita en compagnie de sa femme et de sa fille Julia l'Italie méridionale, la Grèce et la Palestine. Il perdit sa fille à Beyrouth.

et le reste de sa vie rempli d'amertume et d'inconsolables regrets
Tout lui souriait chez lui. Eh bien ! il n'a pas pu y tenir, il était
trop heureux, il a fallu qu'il allât au loin chercher d'éternels
regrets et ouvrir dans son cœur une incurable blessure. Voilà
comme l'homme est fait.

F° 422 (V.).

*_**

« Il y a une grande puissance d'abstraction dans les ouvrages
de Fichte. Kant, Fichte et Schelling, voilà la trinité métaphysique
qui gouverne la pensée allemande. »

*_**

« Le sceptre de la métaphysique appartient à l'Allemagne. »

*_**

« Leibnitz, Kant, Fichte, Schelling, et Hégel, sont sans aucun
doute les plus grands métaphysiciens qui aient existé ...Locke,
Condillac, Cabanis et Tracy sont bien petits à côté d'eux. Descartes et Malebranche seuls pourraient soutenir la concurrence.
Je ne parle pas de Pascal, qui n'a pas été à proprement parler
métaphysicien. Il était mieux que cela, géomètre sublime, et
admirable écrivain ! »

F° 413.

*_**

27 mars.

La mort de sa fille fera vibrer dans le cœur du malheureux
Lamartine des cordes qui n'avaient pas encore frémi. (C'est)
quand elles sont sollicitées par la douleur que les cordes de l'âme
sont bien autrement retentissantes.

F° 420 (V.).

*_**

Le silence

27 mars.

« Le silence est l'ornement des femmes. »

F° 424 (V.).

*_**

27 mars.

Je ne connais qu'un port de guerre, *Cherbourg*. Jettées, forts,
bassins, formes, tout cela est admirable.

F° 425.

*_**

« Je ne veux pas croiser l'épée avec l'éventail. »

F° 426 (V.).

***

29 mars.

Je suis resté froid devant vos grandes [âpres] scènes.
Vos tableaux n'ont rien dit à mes esprits trop lents
Et mon âme insensible à leurs grands phénomènes
Ne s'est point échappée en vers étincelants.

F° 431 (V.).

***

29 mars.

Aujourd'hui, la journée s'est passée en occupations champêtres.
On a émondé les arbres du jardin surtout de l'érable à sucre qui
avait une si belle, une si poétique tête. Les branches en sont
comme des arbres, quoiqu'il n'ait que 27 ans de plantation...
Je n'ai point vu d'arbre de plus belle venue. Il y avait de la
poésie dans la manière dont ces longues branches tombaient avec
fracas. C'était comme autant d'arbres.

Une vingtaine des plus beaux hêtres du bois de Vassy ont été
renversés, brisés, tordus par la tempête du 15 février ; c'était
merveille de voir ces colosses brisés, déchirés, tordus par la tempête, tomber, rouler les uns sur les autres, enlevant des mottes
de 30 p. de circonférence.

***

30 mars.

Le style de *Rivarol*, de *Chateaubriand*, de Mme de Staël, de
Garat même, est un grand magicien. Ce sont des écrivains de
mots.

F° 426 (V.).

***

30 mars.

Le Brun n'est qu'un poëte de mots, disait Fontanes à Joubert.
— Eh ! ce n'est pas peu, répondit celui-ci.

***

Les Thuileries *(sic)*

Les Thuileries ne sont qu'une épigramme d'architecture.

F° 428 (V.).

***

Villemain et Cousin (1)

30 mars.

Pourquoi Villemain et Cousin sont-ils de si médiocres orateurs
politiques ? C'est qu'ils ont voulu sortir de leur talent. Que
Villemain ne restait-il collé à sa chaire de littérature, que Cousin

---

(1) Villemain, F., érudit et ministre (1790-1870), auteur d'un cours de littérature.
Cousin, V. philosophe, homme politique (1792-1867).

ne restait-il collé à sa chaire de philosophie..... Ils ont voulu faire de la politique et se mêler d'un métier qu'ils n'entendaient pas et ils ont été ridicules. C'est juste !

F° 429.

**

31 mars.

Quelle richesse, quel luxe de végétation dans la Nature. Ramassez les débris de cette branche couverte de lichen que vient d'abattre la hache du bûcheron et que vous foulez aux pieds. Sur ce débris de deux pieds de longueur, d'un demi-mètre de longueur, il y a 30 ou 40 espèces de lichens. C'est un bois, c'est une forêt, où un monde d'insectes fourmille, s'agite et se promène. Ces mousses, ces lychens (*sic*) sont pour eux des arbres, sous les cimes et les ombrages desquels ils se promènent.

F° 429 (V.).

**

1er avril.

Hommes de destruction (pensée) :
Voltaire, Diderot, J.-J. Rousseau, Raynal, Helvétius.
Action :
Mirabeau, Danton, Saint-Just, Robespierre.

**

Rhederer (*sic*) (1)

est le sceptre de la révolution.

**

M. de Maistre (2)

a poussé l'amour du bourreau jusqu'au culte. Il faut convenir que c'est une singulière divinité.

F° 430.

**

2 avril.

Les Girondins n'ont été que de grandes dupes, et il se trouva, par l'événement, que La Fayette n'avait été qu'un sot cruel.

**

Le ciel qui se noircit derrière ces vieux pins
Et le vent qui mugit dans leur immense tête
Pour la prochaine nuit présagent la tempête.

**

A son coucher brûlant, le soleil les conduit
Et l'orage enflammé descend avec la nuit.

**

Il s'avance entouré de ses mille nuages.

F° 429 (V.).

**

(1) Rœderer, P.-L. (1754-1835), homme d'Etat, prit part à la Révolution.
(2) Joseph de Maistre (1753-1821), défendit énergiquement les principes d'autorité politique et religieuse.

1833

« Il n'y a que les sots qui sont indécis. »

Fo 447 (V.).

*
* *

Notice sur Castel (1)

27 janvier.

René-Richard Castel naquit à Vire en 1758. Son père était ancien militaire...

Il fut élevé à Paris (au collège de Louis le Grand) où il fit ses études de la manière la plus distinguée. A l'époque de la Révolution, M. Castel, jeune encore,et étant très lié avec M. de Pontécoulant, fut séduit par les théories brillantes qui faisaient entrevoir le bonheur de la France dans la destruction de quelques abus. Mais, joignant un esprit juste aux mœurs les plus honnêtes, il ne tarda pas à voir que les révolutionnaires ne tendaient qu'à renverser le gouvernement et il se fit remarquer par son dévouement à la monarchie. Il fut d'abord maire de Vire qu'il sut préserver de toute commotion. Elu à l'Assemblée Législative, il y figura constamment parmi les plus zélés partisans de la monarchie.

Fo 449.

*
* *

Suite

Le 14 juillet 92, lorsque Louis XVI alla renouveller (*sic*) son serment au Champ de Mars, M. Castel, craignant d'après quelques avis qui lui étaient parvenus que les révolutionnaires n'eussent le projet d'assassiner le prince, ne le quitta pas, résolu à lui faire un rempart de son corps.

Après la session (*sic*) de l'assemblée, il se retira en Norm..., où il resta quelques années. Il revint à Paris lorsque les troubles furent appaisés (*sic*), et fut nommé professeur de belles-lettres au collège de Louis le Grand ; il a occupé cette chaire pendant dix ans. Les élèves distingués qu'il a formés attestent son zèle et ses talens dans l'enseignement. Il a été depuis inspecteur général de l'Université. Il était en 1816 inspecteur des Etudes à Paris et inspecteur des Ecoles royales militaires.

Il est auteur du poème des *Plantes* qui respire le goût de la belle antiquité. Cet ouvrage parut pour la première fois en 1797. Il est rempli de beautés d'un ordre supérieur. L'auteur a donné

---

(1) Chênedollé avait annoncé au comte de Chévigné, neveu de Castel, son intention d'écrire un article nécrologique sur son compatriote de Vire. Cette note est sans doute une ébauche de l'*Article*. La lettre de Chênedollé au comte de Chevigné (20 novembre, 1832) a été publiée par F. Cazin. — *Notice sur Castel.* (Les Virois célèbres, 2ᵉ éd. 1869, p. 20-21).

depuis le poème de la *Forêt de Fontainebleau*, dans le début duquel il eut le courage de rappeller (*sic*) le noble souvenir des Bourbons.

F° 448².

* * *

Vauvenargues (1) et La Rochefoucault (*sic*)

Il y a quelque chose de plus noble et de plus haut dans Vauvenargues que dans La Rochefoucault (*sic*). Mais celui [ci] est plus fin et a des regards d'esprit plus déliés. L'un relève et anoblit (*sic*) l'homme, l'autre l'abat et le décourage.

F° 450 (V.).

* * *

La Rochefoucauld, Fontenelle (2), Vauvenargues

La Rochefoucault (*sic*) est vivement fin, Fontenelle est froidement fin, et Vauvenargues chaudement fin. Vivacité, finesse et chaleur, voilà ce qui distingue l'observation de ces trois moralistes.

F° 452.

* * *

1er Février.

Il faut, Dieu aidant, que je fasse cette année *Moyse*, la *Grande Chartreuse en ruines*, et la *Grande Chartreuse rétablie*, *l'étang de Chênedollé*, la *tour de Rouen* ou *Jeanne d'Arc*, le *château de Tancarville* ou le *départ de Guillaume pour l'Angleterre*.

Il faut faire aussi un chant des *Saisons Neustriennes* (3). C'est un sujet qui me sourit beaucoup. Il y a des tableaux charmans à faire. C'est là où je puis retracer les premières impressions de mon enfance, mes premières sensations, l'espèce de charme vague et indéfinissable que j'éprouvais déjà pour la nature : l'aspect de la côte de Burcy me charmait déjà, soit qu'en été, elle fut illuminée de tous les feux du soleil, soit qu'elle fut blanchie par la pluie, ou noircie par les orages. A l'âge de neuf à dix ans, il m'est souvent arrivé des balcons du château de rester des heures entières en contemplation à la vue de cette côte. J'aimais à voir faire la moisson, ou à voir la lumière se jouer sur cette riante colline, etc.

* * *

Adolescence

« Je me surprenais à neuf ans, devant le coteau de Burcy,
« chargé de moissons et si riche de lumière en été. Souvent,
« immobile, j'ai contemplé ce spectacle pendant des heures
« entières, quand la chaleur frémissait ardemment dans les
« airs (4). »

* * *

(1) Vauvenargues (1715-1747), auteur des *Maximes* moins pessimistes que celles de La Rochefoucauld.

(2) Fontenelle (1657-1715), connu par ses *Entretiens sur la Pluralité des Mondes*.

(3) A la fin de sa vie Chênedollé méditait de refaire une quatrième édition du *Génie de l'Homme*. Il voulait aussi publier un recueil de poésies sous le titre suggestif de *Mélodies normandes*.

(4) Sainte-Beuve, t. II, p. 149.

Les Saisons Neustriennes

Moyse, ode.
La Grande-Chartreuse en ruines.
Le château de Tancarville.
La tour de Rouen ou Jeanne d'Arc.
Descartes, ode.
Le premier chant des Saisons Neustriennes.
A Ducis, épitre.
A Fontanes, épître.
Un chant de Titus.
L'Etang de Chênedollé.
La côte de Burcy.
Tableaux de famille.
La maison paternelle.
Mes premières sensations.
Souvenirs d'enfance.
A ma mère.
A mon père.
Mes premiers jeux avec mes sœurs.
Juilly.
Souvenirs du Collège de Juilly
L'Etang de Chênedollé.
Le vallon du Coisel.
Le coteau de Burcy.
Mes premières impressions.
La maison paternelle.
Mes sœurs.
La rose du village.
La nouvelle mariée.
Le gros tilleul où mes enfans...
Anaïs.
Corinne.
Aurélie, — Léon.
L'Eglise de Burcy ou le tombeau.

Fo 472 (1).

***

Le monde

2 février.

Une idée un peu vive y a l'air d'une grossièreté tant on y est accoutumé aux mets sans relief. Malheur à qui invente en parlant

Cf. : *Mirabeau.*

*
* *

2 février.

Cette eau ne me rafraîchit pas, dit le génie altéré : c'est pourtant le puits le plus frais de tout le Diar-Békir.

Fo 453.

***

Les larmes

Rien ne sèche si vite que les larmes.

Fo 454.

***

Fierté

Il n'y a pas de gens qu'on désire plus éloigner que ceux qui ont été témoins de nos faiblesses ou de nos humiliations.

***

Littérature moderne

Dans cette littérature frénétique, il y a une émulation de

---

(1) Plan des *Saisons Neustriennes.*

l'horrible et de l'effroyable. C'est à qui renchérira sur les atrocités, c'est à qui créera le plus de monstres. On ne remue que des fanges, ou du sang, on ne roule que des têtes coupées.

Fo 454 (V.).

***

Mélancolie

La mélancolie n'en veut qu'aux belles âmes.

Fo 454.

***

Mme de Cl.

Elle est pédante à toute heure, dans sa chambre, dans un sallon (*sic*), au bal, à la promenade, à la garde-robe, au lit et même en dormant.

***

Elle est pédante comme M. Th. est avocat à toute heure et en tous lieux.

***

Mme de Cl. et ses deux filles

C'est une vraie trinité de vanité et d'amour-propre.

Fo 454 (V.).

***

Amour et orgueil

Quand il s'établit dans le cœur d'une femme un duel entre l'orgueil et la passion, il est rare que l'orgueil ne triomphe pas (ou vice et versa).

Fo 454.

***

L'imagination

2 février.

L'imagination est l'actrice qui joue le grand rôle dans le drame de la vie ; c'est elle qui fait nos joies et nos douleurs, nos espérances et nos terreurs ; elle nous entoure sans cesse des illusions les plus terribles ou les plus douces. Si on pouvait réprimer ses frayeurs ou ses espérances, ses craintes ou ses transports, on diminuerait beaucoup le nombre des heureux ; mais aussi il y aurait peu de misérables.

***

L'imagination

2 février.

Que de gens l'imagination a fait sécher de frayeur et dont elle a creusé la tombe. J.-J. Rousseau et ma mère ont été deux grandes victimes de l'imagination. Ma mère ne vivait pas tant elle était dominée par l'imagination qui lui peignait tout en noir et en terrible : elle craignait tout, redoutait tout, souffrait de tout, se blessait à tout, se faisait des monstres de tous. Elle ne vivait que d'allarmes (*sic*) et de frayeurs, et son imagination, ingénieuse à la tourmenter, multipliait sans cesse autour d'elle toutes les tortures de la crainte, et souvent du désespoir. J'ai malheureusement hérité de cette terrible imagination de ma mère et j'ai subi ses désastreuses conséquences (1).

***

Mlle des Landes (2)

« C'était une personne d'imagination, ingénieuse à se troubler
« elle-même, une de ces âmes qui ne vivent que d'angoisses et
« d'alarmes ; j'ai beaucoup hérité d'elle (3). »

F° 440'.

***

L'ingratitude

2 février.

L'ingratitude des enfants envers leurs parents est infligée à ceux-ci comme l'expiation de leurs fautes : si elle n'est pas prise du côté religieux, c'est la plus cruelle blessure qui puisse être faite au cœur de l'homme.

F° 441 (V.).

***

L'amour

L'amour entre dans les âmes tendres comme un jour doux pénètre dans des yeux délicats.

F° 442 (V.).

***

L'Etang de Chênedollé

3 février.

Vaste et paisible étang, roule tes flots d'azur,
Répète en ton miroir le ciel brillant et pur
Qui se plaît dans ton onde à baigner son image.

Combien j'aime dès l'aube errant sur ton rivage
[Beau lac que je me plais à voir sur ton rivage]
A voir ces peupliers aux longs et frais rameaux,
[Ces jeunes peupliers]

Balancer leur sommet vacillant (*sic*) dans tes eaux.
[Vaciller, renversés dans le fond de tes eaux].

F° 476.

---

(1) La mère de Chênedollé, de l'aveu de son fils, avait l'esprit un peu égaré dans les dernières années de sa vie. Elle mourut au Coisel, le 16 *mai* 1800 avant le retour de l'Emigration. La Révolution avait été fatale à une nature déséquilibrée et impressionnable comme la sienne.
(2) Nom de la mère de Chênedollé avant son mariage avec Charles Liould de Saint-Martindon.
(3) Sainte-Beuve, t. II, p. 149.

***

La famille

Les plus grandes joies comme les plus grandes douleurs de l'homme sortent de la famille. C'est un paradis ou un enfer.

F° 441 (V.).

***

5 février.

Est-il possible qu'une aussi excellente mère (1) rencontre tant de froideur et d'indifférence dans ses enfants ?

***

Le chef-d'œuvre de l'amour est le cœur d'une mère.

F° 442.

***

3 février au soir.

Ce soir, l'étang était magnifique. Quelle belle nappe d'eau, quelle étendue : comme il est grand, comme il est large ! Qu'il était beau et pompeux sous les feux du soleil couchant ! Comme il s'étalait magnifiquement sur ses rives ! Comme tout le paysage d'alentour, les arbres, les collines, les hameaux se répétaient richement dans ce vaste miroir.

***

3 février au soir.

O combien j'aime à voir la moire de tes eaux
Se rider mollement sous les zéphirs (*sic*) nouveaux.

***

Quand le soleil tombant au bout de sa carrière
Sur ton vaste miroir jetant ses longs faisceaux
D'un pourpre étincelant enflame (*sic*) au loin tes eaux.
[Et d'un pourpre enflamé (*sic*) rougit au loin tes eaux.]

***

Que j'aime à voir ta blanche et tranquille lumière
A travers les vieux pins descendre sur tes eaux
Et s'y briser au loin en mobiles faisceaux [réseaux]
Et s'y dérouler, etc...

***

J'aime à voir les détours, les golfes, les saillies
Dont tes rives au loin se montrent embellies.

F° 476 (V.).

***

L'amour

L'aurore de l'amour ressemble à un beau jour d'avril.

---

(1) Mlle de Banville, Mme de Chênedollé.

***

Le cœur aime la vie.

F° 443.

***

4 février.

Rivarol se moquait beaucoup de M. de Contades (le mari de la jolie femme) qui raisonnait beaucoup métaphysique et qui comparait l'âme à un cocher qui conduit le char matériel, dont les chevaux, c'est-à-dire les passions, tirent souvent le char en sens contraire.

***

4 février.

Voilà quatre terribles jours d'ennui, quatre jours de pluye (*sic*) durant lesquels il n'a pas été possible de mettre les pieds dehors. Et quel supplice pour moi qui aime tant le grand air ! pour moi qui ne puis respirer librement qu'à la campagne et qui étais né pour vivre au milieu des bois et des rochers. Je péris d'ennui quand je suis un jour sans sortir et qu'il faut rester claquemuré dans l'air usé d'une chambre, comme dans une geôle avec les fers aux pieds et aux mains.

***

La littérature aux diverses époques

Chaque siècle possède sa littérature qui le représente, qui le formule à nos yeux. Bossuet et Voltaire ont été parfaitement, l'un et l'autre, l'expression du leur ; puis sont venus les tems d'action. Alors plus de poésie. Robespierre et Bonaparte firent à leur temps l'un de la poésie de terreur, l'autre de la poésie guerrière. Pour les époques d'action, des hommes d'action, des révolutions ou des batailles (*sic*), une pyramide ou des ruines, voilà le livre laissé pour l'avenir.

F° 443 (V.).

***

Chateaubriand et Byron

Ces deux grandes voix du siècle se sont fait entendre à peu de distance criant vers Dieu ; l'une pour implorer secours, l'autre pour le blasphémer et le maudire : siècle étrange que le nôtre, appellé (*sic*) comme témoin de toutes les décadences, et luttant en vain contre les sables de tous les déserts, dont les nuages destructeurs s'amoncèlent à tous les horizons.

F° 445.

***

Alfred de Musset (1)

« La coupe et les lèvres. Admirable !

(1) Chênedollé admira sincèrement les jeunes romantiques.
Cf., Sainte-Beuve, t. II, p. 313 et suivantes.
L. de Lamare : *A l'aube du romantisme. Essai biographique et littéraire,* ch. XVI.

Que vous restera-t-il enfans de nos entrailles
Le jour où vous viendrez suivre les funérailles
De cette moribonde...
.... de nous le déssécher.

(*Un spectacle dans un fauteuil*).
Alfred Musset (*sic*).

F⁰ 447.

* * *

La Rochefoucauld et Vauvenargues

La Rochefoucault (*sic*) a porté dans l'étude de l'homme la finesse et le coup d'œil perçant et délié du courtisan ! Vauvenargues y a porté la hauteur d'âme du philosophe, et la tendresse de génie d'un honnête homme.

* * *

La plaisanterie

Le genre de plaisanterie se sent toujours du métier que l'on fait et il est rare qu'elle ne déroge pas comme les personnes tombées au-dessous de leur rang.

F⁰ 450 (V.).

* * *

Médisances

Ils cherchent, à force de médisances, à tuer le temps qui les assomme.

* * *

Il est bon d'être méchant, mais il faudrait jefer quelque esprit dans sa médisance.

* * *

Stendhal (1)

Rouge et noir est une grande et forte étude du cœur humain.

F⁰ 451.

* * *

Personnel

6 février.

Sa fausse position infirme trop son esprit pour qu'il puisse avoir toute sa force et tout son éclat (2).

F⁰ 452 (V.).

---

(1) Stendhal, ou Beyle (1783-1842). Critique et romancier d'une psychologie pénétrante.

(2) Allusion probable à sa bigamie. Elle venait seulement de prendre fin le 6 octobre 1832, avec la mort de sa première femme, Mᵐᵉ V. Bourguignon ; mais son fils vivait toujours.

*
* *

Bon sens et science

Un grand sens équivaut à un grand savoir et même il en dispense.

Fº 452.

*
* *

Le bonheur

est « le grand maître de la vie ».

*
* *

Passions

La nouveauté éveille les passions.

*
* *

La modération

Que c'est donc une chose rare que la modération dans les idées, dans les désirs et le pouvoir.

La modération est peut-être la plus difficile et la plus forte de toutes les vertus. Il est si difficile d'être modéré.

Fº 452 (V.).

*
* *

Avec Despréaux (1)

6 février.

Je ne connais aucun moyen de gouverner. Aujourd'hui vous parlez de République, mais pour établir une République il faut des mœurs, et où trouver des mœurs ? Jamais à aucune époque la société ne fut aussi effroyablement corrompue : elle est pourrie, elle est gangrenée, elle est cariée. Un cancer moral nous ronge et nous dévore. Vous parlez de mettre les lois à la place des hommes, mais comptez-vous donc ! Vous êtes peut-être 500 mille républicains et vous admettez un million de légitimistes par courtoisie. Mais qu'est-ce que cela peut contre cette effroyable chose du « juste milieu » de plus de trente millions d'hommes toute cousue de bassesses, bardée de turpitudes, gangrenée par la faim de l'or, et hideuse d'immoralité ?...

Jugez de la corruption sociale par la littérature qui en est plus ou moins l'expression. Que voyons-nous dans les romans et sur le théâtre ? partout les passions les plus impures, l'immoralité la plus révoltante, les crimes les plus atroces sont montrés à nu et étalés sans voile et sans remords.

Les tableaux les plus obscènes et les plus dégoûtants, voilà le fond de tous nos drames et de tous nos romans...

La corruption coule à pleins bords chez nous. Nous sommes en dissolution.

Fº 455.

---

(1) Simien Despréaux, né vers 1755, poète et historien, auteur des *Soirées de Ferney* ou *Confidences de Voltaire* recueillies par un de ses amis.

***

So uffrance

7 février.

Je lutte laborieusement contre la vie.
La vie est une lutte éternelle avec le malheur.

***

Style et sculpture

Le style est la sculpture de la pensée. Toute pensée naît en-croûtée. Il n'y a que le grand écrivain qui lui donne la forme et l'éclat comme le lapidaire donne au diamant ses facettes et ses éclairs.

F° 456 (V.).

***

Jeune poésie

La poésie, de vie, de jeunesse et d'éclat, telle que celle d'Homère ou du Tasse, est bien au-dessus de cette poésie de mélancolie ou de douleur qui est l'apanage des siècles de décrépitude et de corruption.

***

Dans l'une, c'est la vie qui fait éruption au dehors ; dans l'autre, c'est la vieillesse, et l'approche de la mort.

F° 457.

***

7 février.

Il y a des hommes dont l'intelligence est si complète qu'on pourrait les appeler des génies sphériques. Tel est Pascal.

***

On ne trouve dans un livre que l'esprit qu'on a soi-même.

***

Un livre éveille les idées, mais il n'éveille que les idées dont on a soi-même le germe : pour être complice de toutes les idées de Montesquieu, il faudrait avoir autant de génie que lui.

F° 437.

***

7 février.

Géographiquement, la France est monarchique ! et géogra-phiquement, c'est le pays le mieux situé de l'Europe. Par sa position géographique, il doit être le maître de l'Europe.

***

La Méditerannée (*sic*) doit être un lac français.

F° 438.

*
* *

Poésie

9 février.

Au lieu d'une poésie de vie, de charme, d'éclat, et de grandeur,
nous n'avons plus qu'une poésie de l'ironie et du désespoir. Triste
résultat d'un siècle qui périt par excès de civilisation.

Fo 437.

*
* *

9 février.

De tous les arts, le plus difficile est l'art de savoir vieillir.

*
* *

La vieillesse sait et ne peut pas ; la jeunesse peut et ne sait pas.

*
* *

Les extravagances de l'amour paraissent bien extraordinaires
au vieillard que l'âge a glacé et qui a perdu jusqu'au souvenir
de ses passions.

Fo 438 (V.).

*
* *

9 février.

Tout homme périt par sa qualité dominante. Ainsi Rousseau
par son imagination, ainsi Bonaparte par son ambition.
La mélancolie est la rouille des belles âmes.

*
* *

Malheur aux belles âmes qui naissent dans un siècle de décadence et de corruption. Le sort le moins malheureux qui les attend
est de s'éteindre dans les lentes angoisses de la mélancolie et du
découragement [désespoir].

Fo 457.

*
* *

Florian (1)

La littérature de Florian est bien fade, bien douceâtre. C'est
du coloris d'éventail, c'est du vermillon de toilette délayé à
l'eau [de] rose.

Fo 457 (V.).

*
* *

Le Flaguais (2)

Le Flaguais a un beau trait de plume. Il a de l'harmonie, de
la rondeur, du flon-flon.

Fo 458 (V.).

---

(1) Florian, fabuliste, petit-neveu de Voltaire (1755-1794).
(2) Le Flaguais, poète français, né en 1805, se fixa à Caen, écrivit une notice
sur Chênedollé. Cf. *Les poètes normands* publiés par Baratte. Paris. La Crampe,
n-8º et *Mémoires de l'Académie de Caen*, 1836, t. XXIII.

* * *

10 février.

Vingt-quatre [heures] d'avenir valent mieux qu'un siècle de passé.

* * *

Un moment est quelquefois un siècle.

Fº 461.

* * *

La souveraineté du peuple

La souveraineté du peuple est un *fait* qui, après avoir créé un *droit*, rentre dans le silence.

* * *

Des trombes de réquisitoires tombent sur la presse.

* * *

Le goût

12 février.

est l'instinct prompt et délié de ce qui doit plaire ou déplaire. C'est la conscience du Beau.

* * *

13 février.

Le génie est l'instinct de tout voir et de tout comprendre, et le talent est le don de tout rendre et de tout exprimer.

Fº 460 (V.).

* * *

13 février.

Jour néfaste !

* * *

14 février.

Le front dans la tempête et les pieds dans la fange.

Fº 464.

* * *

Montaigne

Montaigne est un subtil et curieux observateur des vices et des ridicules qui circulent autour de lui : mais il ne sait ni lier ni systématiser ses idées, et souvent il fatigue à force de divagations.

* * *

Montaigne (1)

Je n'aime point Montaigne, bien qu'il ait une admirable sagacité

(1) L'antipathie du poète pour Montaigne s'affirme en diverses occasions.

et une imagination plus admirable encore. Il est trop indécis, trop indifférent, pour la vérité. Il me repousse et m'indigne par l'universalité de son scepticisme. Il me révolte par l'obscénité de son langage. Il plaît à l'esprit. Il l'amuse, il l'agace, il le pique, il l'éveille. Il irrite et charme l'imagination, mais il ne va jamais au cœur. Il ne sent pas ce qu'il y a de chaud, d'attirant, de véhément dans l'âme humaine.

***

L'éloquence d'art a totalement manqué à Montaigne, tandis que Pascal et J.-J. Rousseau l'ont possédée au plus haut degré.

F° 467.

***

Rivarol

Jamais il n'y eut de discoureur plus brillant que Rivarol : c'était des éclairs, des fusées, un feu d'artifice continuels. Sa conversation ressemble à un feu d'artifice tiré sur l'eau : brillante et froide.

***

Rivarol

Rivarol était plus près d'être un grand écrivain que Shéridan et même Burke.

F° 458 (V.).

***

Les Saint-Simoniens

14 février.

Le but avoué des Saint-Simoniens était de classer les hommes suivant leurs capacités, et leur but caché de *réhabiliter* la matière et de *sanctifier* la volupté.

F° 460.

***

Le sublime

Le sublime est l'extraordinaire dans le simple.

***

Belgique et Grèce

Les monarchies de Belgique et de Grèce sont des monarchies de marionnettes.

F° 460 (V.).

***

La coquetterie

La coquetterie d'une femme est si grande, que chez elle, elle fait taire jusqu'à l'amour. Leur désir de plaire est si immodéré que, dans l'enivrement d'un bal, elles cherchent encore moins le regard de leur amant, que le regard du public.

F° 461.

*
* *

Mme Ricoboni (1)

Les romans de Mme Ricoboni ont de l'écho dans le cœur. *Ernestine* est son diamant. C'est le plus beau diamant de son écrin. C'est là qu'elle a creusé bien avant dans le charme.

*
* *

Chateaubriand

Les villes sont des déserts d'hommes, suivant la magnifique expression de Chateaub.

*
* *

Romans

Le roman s'est établi en maître et seigneur dans la littérature. Il nous déborde, il nous inonde.

*
* *

La littérature ne veut plus que des émotions d'ivresse, des soubresauts galvaniques, des convulsions.

*
* *.

Rivarol

Rivarol commence une phrase comme Bossuet, et la finit comme Scarron (*sic*).   F° 461 (V.).

*
* *

L'admiration

De tous les sentimens, l'admiration est celui qui finit le plus vite.   F° 462 (V.).

*
* *

Haute aristocratie

ROYALISTES	Talent	DOUTEUX
	JUSTE MILIEU	
Dreux-Brézé.		Eugène d'Harcourt.
Fitz-James.		Donatieu de Sesmaisons.
Duc de Noailles.	Duc de Broglie.	Gaëtan de la Rochefoucauld.
Chateaubriand.	Comte de Ségur.	La Fayette.
Mortemart.	Marquis de St-Simon.	d'Argenson.
Prince de Polignac.	Prince de Beauveau.	Beauvilier.
Humbert Sesmaisons	Molé.	
Prince de Broglie.	Pasquier.	
d'Orglande (comte).	Duc de Choiseul.	
Sosthène de la Rochefoucault	M. de Talleyrand.	

F° 463 (V.).

(1) Mme Ricoboni, Marie-Jeanne (1713-1792). Cf. J. Kavanagh, *French Women of Letters*, Leipzig (1862), actrice et romancière. Cf. Voisenon, *Portraits littéraires*.

****

M. Thiers (1)

14 février.

Cet homme in-12 qui a de l'esprit aussi gros que lui.

****

M. d'Harcourt (2)

14 février.

est à la fois Titus et Catacoua. C'est le type le plus complet de cette race croisée de *Mulets politiques*. Il a conservé cette fine fleur. de l'antique parler des cours, ce sarcasme à l'oiseau royal, ce dédain en bas de soie et ce mauvais bon ton qui lui eût valu tant de succès dans les ruelles du 18ᵉ s.

Fᵒ 464.

****

15 février.

L'Irlande où l'esprit révolutionnaire a trouvé un terrain si brûlant et si propre au développement de ses principes se trouve être attachée à l'Angleterre comme un volcan prêt à enflammer ce qui reste encore de ferme et d'intact au vieux sol de l'Angleterre [Grande-Bretagne].

Fᵒ 464 (V.).

****

Le Brun

Le Brun tourmente la langue ! Il tourmente l'expression pour qu'elle lui donne la pensée. La langue dans ses vers pousse le cri de la torture.

De son vers courageux lui-même est affrayé.

Fᵒ 466.

****

A propos du rétablissement de Napoléon II

L'empire n'avait pas de racines dans le sol politique. C'était un brillant accident, un magnifique épisode qui était tombé avec son grand acteur. Lui mort, l'empire n'était plus rien, n'était plus possible.

Fᵒ 470.

****

15 février.

Ce n'est qu'un long suicide.

****

Nous rouvrons la carrière des révolutions.
Nous reprenons le chemin [route] des abymes.

---

(1) A. Thiers, ministre et historien (1797-1877).
(2) M. d'Harcourt (vicomte Emmanuel), écrivain, mort à Paris en 1840.

*
* *

Le pied lui a glissé dans le sang.

F⁰ 470 (V.).

*
* *

L'empereur Julien

Il récrépissait l'édifice vermoulu du Paganisme avec les idées de Platon. Il badigeonnait le Paganisme avec les idées empruntées à Platon.

F⁰ 471 (V.).

*
* *

Juilly, 15 février (1).

Que de fois m'arrêtant au milieu de *mes jeux,*
J'ai fixé mes regards sur un ciel orageux,
Ou m'apuyant (*sic*) au tronc de l'orme centenaire
Qui prêtait à nos jeux son ombre tutélaire,
Je regardais la plaine, où les épis mouvans
Ondoyaient à flots d'or sous l'haleine des vents.

F⁰ 436.

*
* *

Morceaux sublimes

15 février.

Hymne à Dieu, de Cléanthe, traduit par Thomas.
Vues sur la Nature : Buffon.
Lysimaque, par Montesquieu.
Dialogue d'Eucrate et de Sylla : Montesquieu.
Les *Chapitres sur l'homme :* Pascal.
Les trois chapitres sur la *Nature et l'Essence du Corps Politique :* Rivarol.
Dieu, par Bossuet. *Elévation.*
Dieu, par Fénelon. *Exist. de Dieu,* 2⁰ partie.
Tableau de la Terreur : Rivarol.
Adresse de la ville de Lyon à la Convention : Fontanes.
Le morceau sur la prévoyance : J.-J. Rousseau.

F⁰ 436 (V.).

*
* *

Passion

Il est bien rare qu'une violente passion pour une femme ne finisse pas par la haine.

F⁰ 437 (V.).

*
* *

Dangers

Rien ne dispose aux idées religieuses comme une vie passée dans les dangers et les périls, et surtout dans ceux de la mer.

---

(1) C'est chez les Oratoriens de Juilly que Chênedollé fit ses études.

Aussi, presque tous les vieux marins sont pieux. C'est une chose rare qu'un vieux marin athée.

Fo 437.

* * *

Famille

Il n'y a point de blessure plus cruelle que celle qui est faite au cœur d'une mère par l'indifférence de ses enfants.

* * *

Serait-il vrai qu'il (1) est ingrat ?

* * *

Il y a encore plus de tendresse et d'indulgence dans l'âme des pères qu'il ne peut y avoir d'ingratitude dans celle des enfants.

Fo 442.

* * *

Le mépris

La haine se pardonne encore plus que le mépris.

* * *

Le mépris doit être le plus mystérieux de nos sentiments.

* * *

Les gens médiocres ont un instinct de haine pour les hommes supérieurs, qui leur fait éventer le génie, comme le chien évente le gibier.

* * *

L'homme de génie

2 février.

L'homme de génie est ici-bas pour les menus plaisirs des sots.

Fo 442 (V.).

* * *

16 février.

Montaigne n'est pas mon homme.

Fo 466 (V.).

* * *

J.-J. Rousseau

19 février.

Il y a dans tous les ouvrages de J.-J. Rous. un arrière-goût de sophisme qui dégoûte de ses meilleurs ouvrages.

Fo 467.

(1) Charles-Anaïs, fils du poète.

* *

Montaigne

16 février.

Je remarque comme une chose singulière qu'en lisant les *Essais* de Montaigne, je n'y ai pas trouvé un souvenir de la campagne : pas un mot sur la vie champêtre. Nulle part, en aucun endroit, la ferme avec son attirail, son charme, son innocence, ses travaux si attachans (*sic*) ne transpire dans son livre. Il paraît n'avoir jamais senti l'enchantement de la nature. Et pourtant Montaigne avait passé une grande partie de sa vie à la campagne, il y avait même écrit son livre. Cela se conçoit-il ? Il y a là une grande aridité de cœur, une sécheresse d'âme incroyable. Ah ! ce n'est pas là l'exquise sensibilité de Jean-Jacques. Montaigne n'a jamais été qu'un gascon, un spirituel sophiste et voilà tout.

F° 466 (V.).

* *

Vieillesse

Le vieillard n'excite plus aucune sympathie, on s'éloigne de lui comme on s'éloigne du malheur, et c'est beaucoup s'il n'est pas un objet de rebut pour sa femme et ses enfans.

F° 468 (V.)

* *

Le juste milieu

Il traînera encore quelques jours, quelques mois, peut-être quelques années de bassesses en bassesses, de turpitudes en turpitudes, et puis il tombera sans retour.

* *

La République

On ne l'établit pas chez un peuple pourri (*sic*) de civilisation, dans une population de 32 millions avec des fortunes monstrueusement colossales, avec des millions de prolétaires ; il faut des mœurs, des terres à défricher, un commerce encore peu développé et qui puisse aller en croissant afin d'occuper toutes les têtes et tous les bras, pour que l'établissement de la République soit possible.

F° 470.

* *

17 février.

Soixante ans t'ont marqué au front d'un signe de dégoût *qui éloigne de toi jusqu'à la femme et à* (sic) *les enfants.* Jette-toi donc dans le sein de Dieu, etc. (1).

(1) Sainte-Beuve, t. II, p. 319.

.*.

J'ai été prodigieusement fier jusqu'à quarante-cinq ans, mais le malheur m'a bien corrigé et m'a rendu aussi humble que j'étais fier. Ah ! c'est une grande école que le malheur ! J'ai appris à me corriger et à m'humilier sous la main de Dieu (1).

.*.

Février.

« Vieillard, n'espère plus d'exciter aucune sympathie dans le cœur d'un homme ! La coupe de la bienveillance est tarie pour toi ; la tendresse, l'affection, la douce et compatissante amitié, se sont retirées devant tes rides et tes cheveux blancs. Soixante ans t'ont marqué au front d'un signe de dégoût... Jette-toi donc dans le sein de Dieu ! Lui seul peut combler ce grand vide laissé dans ton cœur ; lui seul peut te rendre avec usure tout ce que tu as perdu ! » (2).

F° 468 (V.)

.*.

19 février.

Combien de gens n'ont d'esprit que celui qu'ils puisent chaque matin dans leur gazette. Que diraient-ils, s'ils n'avaient pas pour texte la nouvelle politique du jour ?

F° 467 (V.).

.*.

15 février.

La jeune vierge ressemble à la rose qui, dans un beau jardin, loin des regards du berger et de la dent des troupeaux, repose solitaire et paisible, sur sa tige épineuse. La terre, les douces ondées, les molles haleines des vents, la pure et brillante rosée lui prodiguent à l'envi leurs faveurs. Le jeune homme folâtre et l'amoureuse beauté brûlent d'en parer leur sein et d'en orner leur tête.

.*.

18 juillet.

Tel aux premiers feux du matin, le lys qui vient de s'épanouir déploie ses pétales d'albâtre, encore tout humides des larmes brillantes de la rosée : le lys magnifique, pompeusement balancé sur sa haute tige, par les molles haleines des vents, semble s'admirer lui-même et s'enorgueillir de l'éclat de sa beauté.

F° 484 (V.).

.*.

Legouvé (3)

Que pensez-vous de Legouvé ? C'est un joli talent, et voilà tout. Legouvé manque de génie et d'originalité. Legouvé n'avait vu que les sallons (*sic*) et les boudoirs de Paris, et ce n'est pas là qu'on se forme à la grande poésie.

F° 485.

---

(1) Sainte-Beuve, t. II, p. 320.
(2) Sainte-Beuve, t. II, p. 320.
(3) J.-B. Legouvé (1764-1812), poète dramatique, auteur du *Mérite des Femmes* (1801).

***

Legouvé est un bon émailleur, un bon metteur en œuvre, et voilà tout.

Fº 485 (V.).

***

19 juillet.

Là du lys argenté,
J'admire en mes jardins l'aimable pureté ;
Le pavot déployant sa pourpre éblouissante
Y flotte sur sa tige, et la rose naissante
De son pudique sein entr'ouvrant les trésors,
Du poète inspiré fait naître les transports.

***

Les haleines du soir ont ranimé les roses.

***

Et la rosée brille en perles légères sur les boutons à demi entr'ouverts de ces roses.

***

Un soleil orageux descendait dans les ombres du soir, et jettait (*sic*) à travers le rouge sombre et ardent des nuages de longs rayons blafards qui divergeaient à travers les masses ténébreuses de ces Alpes aériennes.

***

J'entends l'ardent taureau mugir dans les herbages.

***

La fraîcheur et la rosée se retirent au fond du calice des roses

Fº 482 (V.).

***

19 juillet.

Tel un lys éclatant de grâce et de fraîcheur,
Etale de son front l'opulente blancheur.

***

Tel, d'un jardin pompeux l'amour et la beauté
Un jeune lys au front brillant de pureté,
De sa blanche corole étalant l'opulence,
Au souffle du matin mollement se balance.

***

Ainsi brillent les roses
Dans nos riants bosquets nouvellement écloses,
Quand la fraîche rosée humecte de ses pleurs
Leur sein de pourpre orné des plus vives couleurs.

* * *

Le pourpre de leur front teint de riches couleurs.

* * *

Telle au front du printemps on voit rougir la rose.
Quand au feu du matin [soleil] nouvellement éclose,
Elle étale à plaisir [ouvre de son sein] les vermeilles couleurs,
Que la fraîche rosée humecte de ses pleurs.

Fo 483.

* * *

20 juillet.

D'après Chênedollé les hommes les plus forts en poésie et en
imagination de la fin du XVIIIe siècle et du commencement du
XIXe siècle, sont *Alfieri, Monti, Lord Byron, Châteaubriand* et
l'abbé Delille (1).

Fo 478.

* * *

Lord Byron

est un des plus grands poètes qui aient jamais existé. Il est
éminemment poète. La poésie déborde chez lui, elle lui sort par
tous les pores. Chaque vers, chaque ligne est empreinte d'une verve
étincelante. Il a beaucoup de rapport avec *Monti*, mais il est encore
plus poétique que lui.

Fo 4781.

* * *

Lord Byron

20 juillet.

J'aimerais mieux avoir fait les strophes de lord Byron sur le
collisée (*sic*), et Saint-Pierre de Rome que tout le *Génie de l'homme.*
Ces deux strophes décèlent plus le grand poète, l'homme inspiré,
le créateur, que tout mon poème.

Fo 4782.

* * *

21 juillet.

Tel, sur l'âpre [le haut] sommet des Alpes qu'il domine
Dans le roc dépouillé, le sapin s'enracine
Et bravant des hivers l'éternelle rigueur
Au stérile granit emprunte sa vigueur,
[Au granit en croissant emprunte sa vigueur]
Fier de son dur berceau, sans l'appui de la terre,
Il saura repousser les vents et le tonnerre.
Et puiser au séjour de la stérilité
De ses vastes rameaux la verte immensité
[de ses robustes bras],
[Ses gigantesques bras, son trone illimité].

(1) Alfieri V., le premier poète tragique de l'Italie (1749-1803).
Monti V., dramaturge italien (1754-1828).
Delille à côté de Chateaubriand et de Byron !

Il s'élève et grandit au milieu des tempêtes
Bientôt [Enfin] des plus hauts rocs [des Alpes même]
il [égale] surmonte les faîtes]
Et parant [couvrant] ces vieux monts qu'il ombrage à jamais,

Se met en harmonie avec leurs hauts sommets
[Assortit sa stature à leurs vastes sommets].

Fo 482.

*
**

Lord Byron

Je ne crois pas qu'un poète ait jamais possédé l'expression poétique au même degré que lord Byron, chez lui tout est verve, images, sentiments. Toutes les idées partent du fond de l'âme, toutes ses expressions sont du feu, toutes ses images sont de flamme. Il ébranle, il déchire, il tourmente, il enlève, il transporte, Il est plus poète que Milton, il est plus éloquent que Bossuet, il a une imagination plus vive et plus audacieuse que Chateaubriand, en un mot, c'est le poète des poètes, l'imagination des imaginations, le sublime des sublimes.

***

Byron

Il y a dans son *Pélerin* des strophes d'une beauté si inattendue, si fière, si haute, que je ne connais rien qui puisse leur être comparé.

Fo 480].

***

Byron

24 juillet.

Byron ne marche pas, il bondit dans la langue. Il s'élance de cimes en cimes, de pointes en pointes.

***

Lord Byron

24 juillet.

Lord Byron me donne plus de sensations et d'images dans deux strophes de son *Pélerinage* que Thompson dans tout son poème. Nul ne peut lutter avec lui pour la vigueur inconcevable de l'expression, pour l'éclat et la grandeur des images, pas même Chateaubriant, pas même Milton.

Il laisse bien loin derrière lui et *Pope* et *Thompson* et *Monti* et *Schiller* et *Delille* et *Gœthe* et *Goldsmith* et *Béathie*.

Fo 480 (V.).

***

Lord Byron

24 juillet.

Le pouls poétique bat à lord Byron dix fois plus vite qu'aux autres poètes. On ne se fait pas d'idée de cette verve-là. C'est un torrent de génie... Il y a le plus grand parti à tirer de son pèlerinage de *Childe Harold.* Il y a dans le 4ᵉ chant une Ode sur Rome *en ruines*, une Ode sur la mer, etc. (1). Des chœurs de Manfred on peut tirer des Odes magnifiques. Il y a un poème à tirer des lamentations du Tasse.

Fº 481.

***

Ode à tirer de Lord Byron

1º *Le Gladiateur mourant* (2).
2º *Rome en ruines.*
3º *La cascade de Velino.*
4º *Hymne à la mer.*
5º *L'homme se développant au milieu des malheurs.*
6º *Les bords du Clitumne.*
(*Pour Velino et Clitumne. Cf. Pèlerinage de Childe Harold*)

Fº 481 (V.).

***

Depuis la Révolution de Juillet

19 août.

(Jamais, dans aucun temps, il n'y a eu un tel mouvement dans les esprits, une telle agitation, ni une telle ébullition dans les idées.)

Il n'y a dans l'histoire de l'esprit humain qu'une époque qui offre quelque analogie avec la nôtre ; c'est celle du ivᵉ siècle, lors de la lutte du paganisme expirant et du christianisme naissant.

***

Conséquences de la Révolution de Juillet

Il y a eu plus d'idées agitées depuis ces trente mois que dans la Révolution de 89. Une chose bien curieuse à faire, ce serait de relire tous les nᵒˢ du *National*, du *Courrier*, de la *Gazette*, de la *Quotidienne* et des *Débats* depuis 1830 et d'en faire un rapide et nerveux résumé, et l'on serait confondu de l'incroyable masse d'idées qui ont été agitées, remuées, ballottées dans ces journaux.

Fº 471.

***

Les avocats de Caen

19 août.

Sont d'une lourdeur, d'un ennui ! Je ne fais cas dans le monde que de la vitesse de l'esprit.

Fº 475 (V.).

***

19 août.

Ce soir l'aspect du ciel était extraordinaire. La lune brillait à peine au travers d'un ciel verdâtre. Une lune verdâtre se montrait

---

(1) Chênedollé a imité ces deux pièces dans les *Etudes poétiques*, l. I.
(2) Cette ode est en tête du recueil des *Etudes poétiques* (1820).

à peine à travers un ciel humide et plombé. C'était le ciel du déluge du Poussin, ce ciel humide et verdâtre, au milieu duquel se montre un soleil sans rayons comme un œil crevé dans les cieux.

Fo 476 (V.).

*
* *

Les élèves de l'Ecole normale

19 août.

n'ont pas de spontanéité dans le goût. Ils n'ont qu'un goût *appris*. Il faut toujours à leur goût des lisières pour marcher. Tout ce qui est neuf, hardi, audacieux les étonne, tout ce qui est jetté (*sic*) hors des routes communes les effraye et fait chanceler leur goût.

Fo 475.

*
* *

22 août.

Fénelon a fait passer Homère et Platon aū travers des idées chrétiennes.

Je me suis passé la poésie au travers du corps comme une épée.

Fo 475 (V.).

*
* *

Grandes imaginations

8 octobre.

Homère, Milton.
Le Dante.
Shakespeare.
Byron.
Pascal.
Klopstock.
Démosthène.
Chateaubriand.
Tacite.

Bossuet, J.-J. Rousseau.
Gœthe, Mme de Staël.
Buffon.
Diderot.
Montesquieu.
Girodet.
Le Brun (poète), Ducis.
Garat, Chénier.
Etc.

Belles imaginations

Virgile, Raphaël.
Racine.
Le Tasse.
Fénelon.
Voltaire.
La Fontaine.

Sophocle.
Delille, J.-B. Rousseau.
Chênedollé, Fontanes.
Platon, Malbranche.
Bernardin de Saint-Pierre.
Bailly.
A. Chénier, Malfilâtre.

Fo 488.

*
* *

Tragédie et comique

24 octobre.

La tragédie est plus difficile que la comédie..., il y a dans la tragédie deux créations pour une : D'abord la conception de la machine et celle des caractères ; et de plus la création d'un style continuellement élevé... Dans la comédie il n'y a que la création

du plan et des caractères ; quant au style, il est pour ainsi dire
donné par la conversation.

* * *

Le génie d'observation doit exister au même degré dans le poète
tragique que dans le poète comique.

Assurément, il y a une observation de cœur aussi profonde dans
Britannicus au théâtre, que dans le *Tartufe* ou le *Misantrope* (*sic*).

F⁰ 485.

* * *

24 octobre.

Pour être poète, il faut avoir beaucoup vu, il faut avoir été
jetté (*sic*) au milieu des grandes scènes de la nature, avoir passé une
partie de sa vie au milieu des Alpes, des rochers, des volcans ;
il faut avoir connu le malheur, l'exil, la misère. Il faut avoir été
remué par les spectacles tragiques des Révolutions.

F⁰ 485 et (V.).

* * *

Marie-Joseph Chénier

Chénier m'est bien supérieur. Chénier avait de l'âme, de l'énergie,
de la chaleur dans l'âme. Chénier était né en Grèce. Sa jeune imagination s'était ouverte sur les plus rians spectacles, sur la mer, sur
les rives du Bosphore. Il avait voyagé, il avait pris une part très
active aux troubles de son pays, et son âme s'était fortifiée dans
ces grandes épreuves. Chénier a de la chaleur et de l'énergie dans
la pensée, des situations tragiques, mais son style manque de
vigueur, de nerf et d'éclat, il est au-dessous de sa pensée. Il a de
l'élégance, de la pureté, de l'harmonie, mais à l'exception du
Discours sur la calomnie, il manque de force.

* * *

Chénier n'est qu'un bon écolier de Voltaire et de Racine.

F⁰ 485.

* * *

Chateaubriand

Châteaubriand est un homme bien supérieur à Chénier. Celui-là
a vu et bien vu. C'est une des plus belles imaginations modernes,
une imagination vraiment homérique. C'est le plus grand écrivain
qui ait paru depuis J.-J. Rousseau. Nul n'a observé les grandes
scènes de la nature avec une sagacité plus vive et plus pénétrante,
et nul ne les a rendues avec de plus riches et de plus éclatantes
couleurs.

F⁰ 487.

* * *

Ouvrages qu'il faut toujours avoir sous les yeux pour mon poème

INVENTION	STYLE
Bible : Isaïe, Moyse, Job.	*Esther et Athalie* de Racine.
Le Paradis perdu.	*Le passage du Rhin.*
La Messiade.	*Le Lutrin*, Boileau.
La Jérusalem délivrée.	*Le Paradis perdu*, par Delille.
L'Iliade, L'Enéide.	*L'Enéide*, traduite par Delille.
Poésies de Lord Byron.	*L'Iliade* en anglais, par Pope.
L'Enfer du Dante.	*L'Imagination* de Delille.
Les tragédies d'Alfiéri.	*Le Dante* de Rivarol.
Le poème de La Harpe sur la *Révolution*.	*Les Martyrs* de Chateaubriand.
Les chants de la *Pharsale*, trad. par La Harpe.	*Le Jour des Morts* et la *Chartreuse* de Fontanes.
Le *Télémaque* de Fénelon.	*La Jérusalem* traduite en vers par Lormian.
Shakespeare.	*L'Œdipe Roi* en vers par Jos. Chénier.
La Grèce sauvée, Fontanes.	Les morceaux de l'*Iliade* trad. en vers par Cabanis.
Les Martyrs, Chateaubriand.	
Tacite.	

La Grèce sauvée, Fontanes.
La Philoctète, La Harpe.

Les trois livres de la *Pharsale*
trad. par La Harpe.

La Henriade de Voltaire.
César, Brutus, et *Rome sauvée.*

F° 487 (V.).

***

26 au soir.

Le coucher du soleil a été très remarquable. Il s'est couché dans une crevasse de lumière : des images semblables aux flammes rousses et aux fumées ardentes d'un grand incendie assistaient au coucher du soleil. Bientôt le ciel prit les teintes les plus riches. De grandes hachures coupaient le ciel, et en formaient le haut d'un grand tableau : sur cette toile immense brillaient la pourpre, le nacarat, le violet, la couleur de chair, le jaune cuivré, richement mêlés et fondus ensemble. Peu à près (*sic*), le ciel passa au violet sombre et au pourpre rembruni et les couleurs de ce ciel en se reflétant sur les horizons lointains des collines couvertes de bois, les teignaient d'un bleu noir qui tranchait vivement avec quelques touches encore brillantes du ciel.

F° 487.

***

Comparaisons ingénieuses

Le corps politique est comme un arbre ; à mesure qu'il s'élève, il a autant besoin des cieux que de la terre.

Rivarol.

.·*·*

Raynal (1)

a écrit avec un fer rouge : il laisse des stygmates (*sic*) sur tous
les esprits qui le lisent.

F° 540.

*
* *

Buffon

[Chênedollé trouve qu'il n'a pas eu de méthode].
« Buffon fut l'ennemi de la méthode et déclama contre Linnée(*sic*)
Il fut pour ainsi dire impatient de la méthode, il la regardait
comme une chaîne qui liait son génie et à laquelle il ne pouvait
s'astreindre. Il a eu tort. C'est la méthode qui avance la science. »

F° 547.

*
* *

La colonnade du Louvre

Est la plus grande pensée de l'esprit humain qui, pour se rendre
visible a pris une forme imposante et majestueuse.

*
* *

Paris

Je suis fatigué d'admirer et j'ai peine à me reconnaître au milieu
des chef-d'œuvres (*sic*).
A Paris il y a un mouvement prodigieux dans les esprits, mais
leur impulsion se dirige vers les sciences exactes. La littérature
est presque nulle.

F° 547 (V.).

*
* *

Le génie

[Il est tout d'instinct].
« Le génie tient à l'âme, il a ses racines dans le cœur. Aussi,
Vauvenargues a-t-il très bien dit que les grandes pensées viennent
du cœur. L'esprit n'a pas de point de contact avec l'âme, et voilà
pourquoi il est si aride. »

F° 550.

*
* *

Klopstock (2)

Le malheur du sujet de Klopstock est que son principal héros
est pris dans le merveilleux, de sorte qu'il ne peut plus y avoir de
merveilleux et qu'on ne peut s'intéresser aux douleurs d'un
Dieu comme à celles d'un homme. On sait qu'il y a dans ces

---

(1) Raynal (l'abbé Guillaume), historien et philosophe (1713-1796).
(2) Klopstock (1724-1803), auteur d'un poème, la *Messiade*. Chênedollé le
connut à Hambourg et lui dédia une ode en 1795.

12

douleurs quelque chose de mistique (*sic*) qui empêche qu'on n'en soit aussi profondément affecté. Le sujet de Milton est bien aussi dans le merveilleux, mais au moins ses deux principaux personnages sont deux êtres humains.

F° 551 (V.).

Chateaubriand

écrit encore plus avec son cœur qu'avec son imagination, et il a la plus riche imagination dont jamais peut-être aucun homme ait été doué. Il y a des larmes dans son style et il trempe sa plume dans son cœur. Il a dans l'âme je ne sais quelle douce mélancolie et dans l'imagination je ne sais quelle tendresse qui répand un charme infini et comme une vapeur aérienne sur tout ce qu'il écrit... (Comme c'est aimable !)

F° 553.

La religion chrétienne

Nous tient toujours dans l'exagération et voilà pourquoi elle est si poétique. Rien n'est funeste à la poésie comme le médiocre.

F° 554.

Rivarol

Dans une de ses débauches d'imagination, Rivarol disait que l'on pouvait croire que plusieurs dieux placés à des distances immenses dans l'espace trouvaient des plaisirs dignes d'eux à conduire, à agiter, à rouler les mondes et que les comètes étaient les ambassadeurs au moyen desquels ils communiquaient à travers les immensités de l'espace.

F° 554 (V.).

L'imagination des femmes

Il faut que l'imagination d'une femme reste toujours vierge : il faut qu'elle ait toujours un voile devant le cœur et devant les yeux. L'amour n'est que mistère (*sic*) et délicatesse. Si la femme permet à son esprit des images obscènes, le charme est détruit et l'âme n'a plus d'enchantemens. Si j'avais une femme, je voudrais lui créer pour ainsi dire une pensée artificielle qui ne connut que les choses fines et délicates. Je voudrais lui donner une seconde âme et greffer mon ouvrage sur celui de la nature. Pour cela, je placerais ses sens dans son cœur.

Boileau

Je suis à genoux devant Boileau comme devant le Dieu de la raison et l'oracle du goût, mais je trouve qu'il n'a pas eu sur l'art poétique des vues assez neuves et assez déliées ; et des regards assez étendus, en un mot des choses jettées à la manière d'Aristote. On ne peut pas dire qu'il manque de pensée, mais souvent sa pensée manque d'élévation. Elle ressemble trop au simple jugement. Il a un bon sens imperturbable, mais son bon sens est commun.

F° 557.

*
* *

...l'amour douce folie
Episode trop court du roman de la vie.

F° 557 (V.).

*
* *

Lemierre (1)

Globe resplendissant, océan de lumière,
De vie et de chaleur source immense et première
Qui lances tes rayons, etc. (16 vers).
« Cette invocation au soleil est remplie de verve et d'élévation. La versification est exempte de cette dureté qu'on est trop souvent en droit de reprocher à *Lemierre*. »

Chêned.
F° 558.

*
* *

Bernardin de Saint-Pierre

Bernardin manque de pensée, mais il a un grand charme et un admirable talent de description. Il a très bien présenté l'univers par son côté poétique, mais il n'en a pas connu le côté philosophique. Il a eu tort de vouloir réformer le monde de Neuton (*sic*) ; il devait se contenter d'être le décorateur de l'univers sans aspirer à en être l'architecte. Il devait se borner à faire la décoration de l'univers, sans vouloir en rebâtir l'édifice.

*
* *

Mme de Staël

Il y a de la pensée dans Mme de Staël, mais il n'y a pas d'idées, car les idées supposent une série et de la déduction, et elle en manque éminemment.

F° 568.

*
* *

---

(1) A.-M. Lemierre, poète tragique, né à Paris (1723-1793).

APPENDICE AU JOURNAL

M. Pitt (1)

M. Pitt est le cocher de l'Europe et il court grand risque de la verser. Ses chevaux trépignent et reculent au lieu d'avancer (1).

Fo 443 (V.)

***

Opinion

Le romantisme pour moi n'est autre chose que la faculté de rendre les impressions que l'on ressent et les sentimens qu'on éprouve sans s'embarrasser de ce qui a été dit et pensé avant nous. Personne ne fut plus romantique qu'Homère car personne ne se livra plus franchement à toutes ses impressions et ne rendit mieux l'empreinte de toutes les idées qui circulaient autour de lui. Ensuite, il est devenu classique lorsqu'on l'a proposé comme modèle, comme type de ce qui pouvait être fait. Voilà la vérité. Bérenger lui-même, le plus romantique de tous nos écrivains, deviendra un jour classique, car je le crois condamné à servir de modèle dans la chanson (2).

Fo 571.

***

Schiller et Shakespeare

Hors *Roméo et Juliette* et peut-être *Richard trois*, j'aime mieux les pièces de Schiller que celles de Shakespeare, ce sont plus des tragédies dans la force du mot. Je ne suis pas moins persuadé qu'en masse Shakespeare était un génie plus fort, plus fécond et plus original (3).

Fo 751 (V.)

***

La critique

Les ovations du génie me rendent si heureux, ses inspirations me charment tellement, que je n'ai pas le courage d'être sévère envers lui. Je ne vois que les beautés et je ne remarque pas les défauts. Il y a aussi des taches sur le disque du soleil, cela ne

---

(1) Collection Spoelberch de Lovenjoul, Ms. D. 544, t. I.
(1) Collection Spoelberch de Lovenjoul, Ms. D. 544, t. II.
(2) Collection Spoelberch de Lovenjoul, Ms. D. 544, t. II.

l'empêche pas d'être le plus éblouissant et le plus merveilleux
des astres. Les défauts de Corneille, d'Homère, de Dante, de
Shakespeare ne sont rien à mes yeux, je ne vois que leurs beautés
sublimes. Je ne suis pas comme les hiboux qui se réjouissent
d'une éclipse. Je suis trop reconnaissant des jouissances que me
cause le génie pour tenir note de ses fautes (1).

F° 574.

*
* *

Comparaisons sublimes

Ainsi, quand l'Auster à la bruyante haleine, s'est emparé
de l'océan, tous les flots obéissent à ce fougueux despote ; mais si,
frappé d'un second coup du trident d'Eole, la terre déchaîne
l'Eurus sur l'humide Empire, quoiqu'agitées par ce nouveau
tiran (sic) les Ondes sont toujours dociles à leur premier maître ;
et tandis que les cieux sont au pouvoir de l'Eurus, la mer reste
fidèle à l'Auster turbulent, etc.

Lucain, trad. par Chêned.

*
* *

Tel un chêne antique, chargé des dépouilles des nations et des
rois vaincus, s'élève au milieu d'un sol fertile. Des racines vigoureuses ne l'attachent plus à la terre ; son poids seul l'affermit
et le soutient encore ; ses rameaux desséchés s'étendent au loin
dans les airs ; mais ce n'est plus le feuillage, c'est le tronc seul
qui verse encore de l'ombre. Cependant, quoiqu'il chancelle, prêt
à succomber sous le premier effort des autans, quoi qu'il soit
entouré d'une foule d'arbres jeunes et robustes, il est le seul
que l'on révère dans la forêt (2).

Lucain, trad. par Chêned.

*
* *

Telle, du sein d'un nuage comprimé par le choc des vents, la
foudre brille, éclate, et, de ses flammes obliques, vient effrayer
les mortels. Le ciel gronde, l'air tremble et mugit : le météore
destructeur déploie sa furie jusque sur les temples des dieux.
Rien ne peut arrêter ses ravages ; il détruit au moment de sa chute,
il détruit au moment où il se relève ; et, dans un clin d'œil,
rassemble tous ses feux dispersés, etc.

Lucain, trad. par Chêned·

*
* *

Tel, dans les noires forêts du Mont Algide, le chêne émondé
par la coignée (sic) reçoit du fer une vigueur et des richesses
nouvelles, au milieu de ses pertes et de ses blessures (3)..

Horace, trad. par Chêned.
F° 536.

(1) Collection Spoelberch de Lovenjoul, Ms. D. 544, t. II.
(2) Ms. D. 544, t. I.
(3) Ms. D. 544, t. I.

12*

* * *

Comparaisons sublimes

Tel un chêne, au front immobile
Sur les monts glacés des gélons,
Défiait la rage inutile
Des autans et des aquilons :
Tout à coup, par le fer frappé dans ses racines,
Il tombe ; mais bientôt du sein de ses ruines,
L'art le métamorphose en navire orgueilleux :
Alors il va braver, sur la plaine liquide,
Les vents, que sa tête intrépide
Bravait sur les monts sourcilleux (1).

Chênedollé
Fᵒ 537.

* * *

Tel, lorsque du cahos brisant la nuit profonde,
Le soleil, tout armé, s'élança dans les airs,
Des flots de sa lumière il inonda le monde,
Et, vainqueur, fit pâlir tous les astres divers.

Chêned.

* * *

Tel Athos, roi des monts, assiégé par l'orage,
Dédaigne des autans le choc tumultueux ;
En vain gronde à ses pieds leur mugissante rage,
Son front reste toujours calme et majestueux.

Chêned.

* * *

Tel, du front de ces rocs où reposent les nues
Le Nil précipitant ses vagues éperdues
Tombe, écume, bondit se roule à gros bouillons ;
Et plus calme bientôt dans ses grottes profondes,
                    [Du tribut de ses ondes]
S'en va fertiliser d'innombrables sillons.

* * *

Ou tel encore l'oiseau qui porte le tonnerre,
Orgueilleux de sa force et dédaignant la terre
Plane vers le soleil dans son vol assuré ;
Et là, près de son char, devenu plus tranquille
                    D'un regard immobile
Soutient les feux brûlans dont il est entouré (2).

Chênedollé.
Fᵒ 537 (V.).

(1) **Ms. D. 544, t. I.**
(2) **Ms. D. 544, t. I.**

* *

Tel, des enfans du Nord, longtemps heureux rival
L'orme, victime enfin d'un combat inégal,
Tombe, roule et languit obscurément sur l'herbe.
Mais bientôt sur les mers il flotte en mât superbe.
D'un lin tissu par l'art empruntant les secours,
Il contraint les autans à diriger son cours :
Et le même ennemi qui fit tomber sa tête
Devient son tributaire au sein de la tempête.

Fo 538 (V.).

***

Tel on voit cet oiseau, ministre de la foudre, à qui le Roi des Dieux confia l'Empire sur les hôtes de l'air, digne prix de sa fidélité dans le rapt du blond Ganimède. D'abord novice aux ·travaux, la jeunesse et la vigueur paternelle le chassent de son aire : déjà les vents printanniers (sic) dissipant les nuages, enseignent à son aile timide des élans inacoutumés : (sic) bientôt une fougue impétueuse lance le nouvel ennemi dans les bergeries : enfin l'amour de la proie et du combat le précipite sur des dragons qui se débattent dans ses serres, etc.

Horace, par Chêned. (1).

***

Le Rhin, fils altier des montagnes,
S'élance, à gros bouillons, de leurs flancs tortueux :
Une fertile écume inonde les campagnes :
Il roule à flots majestueux.

***

Roi de vingt fleuves tributaires,
Qu'il est beau de courroux, quand, d'écueil en écueil,
Il se brise en grondant sur des rocs solitaires,
Et semble redoubler d'orgueil !

***

Mais l'humide géant expire
Avant de parvenir au domaine des mers :
Les fleuves sont vengés : libres de son empire,
Ils n'ont plus à craindre ses fers.

(1) Ms. D. 514, t. I.

*_**

Sous des monts de sables stériles
Qu'entassèrent sa fougue et son cours orageux,
Il traîne les débris de ses ondes débiles
Et meurt sur un limon fangeux.

Chêned.
F° 539.

*_**

Les hommes de lettres, accoutumés au repos laborieux, et à l'activité froide du cabinet, ne peuvent tenir, d'une main ferme, le gouvernail d'une révolution : ils seraient entraînés par les flots tumultueux des événemens. Il n'appartient qu'à ces hommes énergiques dont l'âme s'est formée au milieu des rugissements des passions, et du choc des agitations populaires, il n'appartient, dis-je, qu'à ces hommes de conduire et de diriger la marche des événemens. Les frêles roseaux, jouets du souffle le plus léger, ne furent point créés par la nature pour résister à l'orage : ce sont les chênes et les pins, affermis par la lutte des vents, qui doivent arrêter l'effort de la tempête (1).

Chênedollé.
F° 543 (V.)

*_**

Serpens de Laocoon

Tout à coup, deux épouvantables dragons sortent de Ténédos, s'étendent sur la mer tranquille, et marchant de front, s'avancent vers le port. Leur tête superbe que surmonte une crête sanglante, s'élève au-dessus des flots : leur croupe tortueuse s'allonge, se recourbe en immenses replis, et rase l'humide surface. Sous leur bruyant passage, l'onde écume et murmure. Déjà ils touchent au rivage. La flâme (*sic*) étincèle dans leurs yeux gonflés de sang : de leur gueule s'élance à coups pressés, un dard homicide : ils poussent d'horribles sifflemens. A cet aspect, nous fuyons éperdus, demi-morts. Les deux reptiles marchent fièrement vers Laocoon : d'abord ils se précipitent sur les deux enfans, les enchaînent dans des nœuds redoublés, et les déchirent de nombreuses morsures. Bientôt ils s'élancent sur Laocoon lui-même qui, armé de javelots, vient au secours de ses fils ; ils l'entourent, ils l'enveloppent dans un réseau tortueux ! Déjà ses bras et son cou sont emprisonnés dans les vastes replis de leur croupe écailleuse, et cependant les deux monstres élèvent au-dessus de leur victime leur tête altière et menaçante. Couvert de sang, inondé de venin, le malheureux père s'efforce de briser ses nœuds empoisonnés : il pousse vers le ciel des cris épouvantables.

Tel mugit un taureau qui, frappé d'un coup mal assuré de la hache, s'échappe sanglant du pied des autels. Cependant les deux dragons s'élancent vers la citadelle et se réfugient dans le temple de Pallas. Là, ils se cachent sous les piés (*sic*) de la déesse, et sous l'orbe de son vaste bouclier (2).

Chênedollé

(1) Ms. D. 544, t. I.
(2) Ms. D. 544, t. I.

*
* *

Il existe une analogie frappante entre le jeu des rayons de lumière et le jeu de nos passions. Les passions donnent un coloris différent aux événemens de la vie, suivant les périodes que nous parcourons ; les rayons de lumière donnent une couleur différente aux objets, suivant que la texture de leurs élémens est propre à refléter tel ou tel rayon. L'amour qui est la plus impétueuse de nos passions, est le premier dans l'ordre des périodes de la vie humaine : le rouge qui est la plus brillante des couleurs est aussi le premier dans l'ordre des rayons lumineux. L'identité est la même pour tous les autres rapprochemens. On verra surtout que l'analogie est parfaite entre le soir d'une vie sereine et paisible, et la douce teinte de l'humble violette ; et comme tous les rayons de lumière s'absorbent dans le noir qui ne réfléchit aucune couleur, ou, en d'autres termes, qui est la privation de la lumière ; ainsi toutes les passions s'absorbent dans la mort qui n'est autre chose que la privation du mouvement dans les corps organisés ; et ce n'est pas sans raison que l'on a choisi le noir comme signe représentatif de notre anéantissement.

Chênedollé.

*
* *

Toutes nos passions finissent par s'absorber dans l'amour-propre ou plutôt dans l'intérêt, comme les rayons de lumière s'absorbent dans le noir (1).

Chênedollé
F° 544.

*
* *

Description du port de Carthage

Dans un golfe profond est une île dont les flancs se courbent et forment un port. Là, brisés contre le rivage, les flots se divisent et s'enfoncent dans deux bassins circulaires.

De chaque côté s'élèvent des rochers dont la cime orgueilleuse va menacer les cieux : sous leur vaste abri la mer au loin repose calme et tranquille. Au-dessus, s'élèvent en amphithéâtre de sombres forêts qui répandent une ténébreuse horreur. A l'opposite est une grotte, qu'un rocher couvre de sa voûte suspendue : au dedans jaillit une onde pure, qu'entourent des sièges taillés dans le roc : C'est la retraite des Nimphes (sic). Là, jamais cordage n'enchaîna le navire fatigué de la tempête. Jamais vaisseau n'y reposa sur son ancre recourbée (2).

Chênedollé

*
* *

Jugement de Rivarol sur Voltaire

Quand il s'observe, il n'est pas même exact ni vrai ; et quand il s'abandonne, il n'étonne jamais (3).

(1) Ms. D. 544, t. I.
(2) Ms. D. 544, t. I.
(3) Sainte-Beuve, t. II, p. 164.

***

Mᵐᵉ de Beaumont avait l'air d'être composée d'éléments qui tendaient à se désunir, à se fuir sans cesse. — *Fi de la vie* ! disait une fille de roi (1). Mᵐᵉ de Beaumont s'était prise à ce mot, et l'avait trouvé admirable quand son père le lui cita (2).

***

Delalot s'est logé dans l'étui de M. de Bonald comme les insectes qui se logent dans les trous des autres (3).

***

Jouberd raconte que quand il vit mes premiers vers dans le *Mercure* (4), il dit : quel est ce M. Chênedollé ? Ses vers me plaisent, ses vers sont *d'argent* ; ils font sur moi l'effet du disque argenté de la lune. — « Est-ce comme éclat métallique seulement ? » demandai-je. — Non, ils ont aussi le son argentin. Bref, ils me donnent la sensation d'un clair de lune (5).

***

L'article de Feletz (6) est *indécis*, il ne donne pas le désir de lire l'ouvrage. J'aurais mieux aimé la critique franche et rude d'un ennemi qui me dirait : Je vous prends corps à corps, et je veux vous prouver que votre ouvrage est mauvais (7).

***

Il faut inventer avec l'imagination de Rivarol, et corriger avec celle de Fontanes (8).

***

Quand je dis à Feletz : Cet article (un article qu'il lui demandait sur les œuvres de Rivarol publiées en 1808) est tout à fait dans votre genre : d'ailleurs votre esprit a du rapport avec celui de Rivarol, — il eut presque l'air d'être humilié de la comparaison. Ce trait est plus gai que tout le recueil de Rivarol (9).

***

On respire dans le *Prœdium rusticum* je ne sais quelle bonne

---

(1) Marguerite d'Écosse, première femme de Louis XI.
(2) Sainte-Beuve, t. II, p. 208.
(3) Sainte-Beuve, t. II, p. 217 (en note).
(4) « Les vers de Chênedollé qui donnaient cette sensation à M. Joubert peuvent « être ceux du *Mercure* du 1ᵉʳ nivôse an IX, ou ceux du 1ᵉʳ prairial, même année, « car dans les deux morceaux, il est question de la lune. »
(5) Sainte-Beuve, t. II, p. 251 (en note).
(6) *Journal de l'Empire*, 20 mai 1807.
(7) Sainte-Beuve, t. II, p. 299.
(8) Sainte-Beuve, t. II, p. 299.
(9) Sainte-Beuve, t. II, p. 299. (en note).

et suave odeur de ferme et de labourage qui n'est pas au même degré dans les *Géorgiques* (*Redolet campos et prata et rusticationes*(1).

.*.

Chênedollé est le Girodet de la poésie.

C'est en effet le peintre avec lequel je crois que j'ai le plus de rapports (2).

F⁰ 534 (V.).

(1) **Sainte-Beuve**, t. II, p. 307 (en note).
(2) **Sainte-Beuve**, t. II, p. 312 (en note).

5.513 — Caen, Imprimerie E DOMIN, 10 rue de la Monnaie. — Tél. 6-84.

TABLE DES MATIÈRES

www.ingramcontent.com/pod-product-compliance
Ingram Content Group UK Ltd.
Pitfield, Milton Keynes, MK11 3LW, UK
UKHW020244180726
13839UKWH00001B/170